DISSERTATION DE GROTIUS

SUR

LA LIBERTÉ DES MERS;

TRADUITE DU LATIN,

AVEC UNE PRÉFACE ET DES NOTES,

A. GUICHON DE GRANDPONT,

AVOCAT,
CHEVALIER DE L'ORDRE ROYAL DE LA LÉGION D'HONNEUR,
SOUS-COMMISSAIRE DE LA MARINE DE 1re CLASSE.

EXTRAIT
...ITIMES ET COLONIALES,
M. BAJOT ET POIRRÉ
...ril et Mai 1845.

PARIS,

IMPRIMERIE ROYALE.

M DCCC XLV.

DISSERTATION DE GROTIUS

SUR

LA LIBERTÉ DES MERS

TRADUITE DU LATIN,

AVEC UNE PRÉFACE ET DES NOTES.

DISSERTATION DE GROTIUS

SUR

LA LIBERTÉ DES MERS;

TRADUITE DU LATIN,

AVEC UNE PRÉFACE ET DES NOTES,

PAR A. GUICHON DE GRANDPONT,

AVOCAT,
CHEVALIER DE L'ORDRE ROYAL DE LA LÉGION D'HONNEUR,
SOUS-COMMISSAIRE DE LA MARINE DE 1re CLASSE.

EXTRAIT

DES ANNALES MARITIMES ET COLONIALES,

PUBLIÉES PAR MM. BAJOT ET POIRRÉ.

Avril et Mai 1845.

PARIS.

IMPRIMERIE ROYALE.

M DCCC XLV.

PRÉFACE

DU TRADUCTEUR.

Disons franchement de la liberté des mers ce qu'un de nos plus célèbres contemporains a dit de la liberté nationale : *Elle n'est pas venue; elle viendra!* (Thiers, *Hist. de la révol. franç.,* édit. de Bruxelles, t. II, p. 595.)

Elle n'est pas venue, parce que les sociétés, les puissances maritimes, celles même qui l'ont désirée et défendue avec le plus de conviction et d'ardeur, ont été jusqu'ici trop exclusivement préoccupées de leurs fins et de leurs destinées particulières, sans assez considérer la fin générale et les destinées communes de l'humanité; parce que la lutte des intérêts mutuels des peuples, le règlement au jour le jour, et tel quel, de leurs prétentions respectives, a absorbé et absorbe toutes les facultés des gouvernants; parce que la voix de Dieu, la voix du peuple, l'immuable théorie toujours perçante, évidente, mais non moins importune au milieu de ce conflit, n'inspire aux uns que du mépris et aux autres que de la crainte; parce que, en autres termes, le droit des gens secondaire, les conventions, les accommodements, les expédients, ont toujours prévalu sur les principes et l'intime aveu du droit des gens primitif. Elle n'est pas venue, si on veut, parce que les hommes sont hommes, et que les nations, ayant des intérêts contraires sans trouver de juges ici-bas, recourent trop souvent encore, pour soutenir une cause, même mauvaise, à la force ou à la ruse. En ce sens, avouons-le, c'est-à-dire au point de vue de l'absolu, la liberté des mers, comme toute autre liberté, comme la pratique de toute vérité, est au-dessus du droit et des espérances des hommes.

Mais c'est une vraie, une bien consolante pensée que celle des progrès de l'humanité entière: progrès moraux et matériels par lesquels la providence nous *lie* chaque jour plus étroitement, malgré notre *irréligion*, unit nos intérêts, agrandit nos vues, élève nos cœurs, et nous rapproche véritablement dans son sein.

Aussi, sans être venue et quoique violemment retardée par l'antagonisme encore puissant du vieux monde, la liberté des mers suit sa marche et s'avance dans la loi divine du progrès. Nous le croyons fermement : elle viendra; c'est-à-dire qu'elle sera peu à peu universellement mieux connue, pratiquée et bénie, sauf toujours les infractions inséparables de notre nature moins imparfaite, exceptions qui confirmeront la règle.

Nous n'avons pas l'intention de signaler ici chacun des obstacles dont l'enchaînement retient encore la liberté des mers et du commerce maritime : la tâche serait au-dessus de nos forces, et nous risquerions d'attacher trop d'importance à des actualités dont l'intérêt et l'honneur français s'offensent. Le droit de visite, les conséquences de la paix de 1713 et de celle de 1763, la longue et difficile question d'Orient, les jalousies suscitées par nos récents et modestes établissements dans l'Océanie,.... tous ces obstacles actuels, en un mot, grossis par le point de vue, ne sont peut-être que les anneaux les plus légers et les plus fragiles de la chaîne. Répétons toutefois que ceux-ci et d'autres encore seront brisés; et bénissons, après Dieu, les instruments dont il se sert pour cette grande fin.

Hugues Grotius [1], dans la dissertation que nous avons essayé de traduire, a donné l'exemple de ce pieux sentiment pour les devanciers; et nous ne faisons que lui rendre aujourd'hui les honneurs qu'il a reportés lui-même aux poëtes, aux savants, aux orateurs, aux historiens, aux saints pères, dont le cortége toujours sévère, parfois brillant, l'accompagne et le soutient. Que l'on critique si l'on veut la manière des jurisconsultes d'alors, à propos d'ouvrages de droit purement civil, où les déductions arides de la science sont parées, il est vrai, mais allongées, mais égarées par le luxe des citations. Il était essentiel ici de constater dans ses termes les plus nobles et les plus précis l'universelle expression d'une des grandes lois de la nature; non moins essentiel et surtout fort habile de combattre la politique du duc

---

[1] H. Grotius a un long article dans toutes les biographies, et l'on n'a pas cru nécessaire de le reproduire ici. M. de Burigny a donné sa vie en deux volumes in-12. (Dict. hist, et bibliogr. de Ladvocat.)

de Lerme, ministre tout-puissant du roi Catholique et Fidèle d'Espagne et de Portugal, Philippe III, par l'irrécusable autorité des pères, par celle des juriconsultes et théologiens espagnols eux-mêmes, qui avaient obtenu tant de gloire soit pendant, soit avant le règne de son aïeul Charles-Quint.

La part de cette œuvre isolée de Grotius à l'accomplissement des glorieuses destinées de la Hollande, au commencement du xviiᵉ siècle, suffirait à fonder une illustre renommée. Sans doute les célèbres marins hollandais de cette époque, Corneille Thierry, Louis Boisot, Justin de Nassau, Vander-Does, Duvenvorde, Heemskerk, Spilberg, Ver-Hagen, Hautain, n'avaient pas attendu sa voix pour fonder, pour consolider le triomphe de l'indépendance des Provinces-Unies, pour assurer à la naissante république une libre participation au commerce de l'Inde, et l'établissement de riches comptoirs dans ces régions si disputées. Mais, en 1608, le temps des justifications et des négociations étant venu, Grotius eut par son *Mare liberum* presque tout l'honneur des premières, comme notre illustre président Jeannin eut tout le succès alors possible dans les secondes.

Tout Hollandais qu'il fût d'ailleurs, et même indépendamment de ses titres à la reconnaissance des peuples libres, H. Grotius (ou de Groot) a droit à notre prédilection de Français et d'enfant de la Bourgogne. Présenté, dès l'âge de quinze ans, par notre Henri IV à sa cour comme le *miracle de la Hollande,* secrétaire du père du grand Condé, gradué en droit à Orléans, pendant neuf ans ambassadeur de Christine de Suède près de Louis XIII, il fut ami du président Jeannin (d'Autun), de Claude Saumaise (de Semur), de Barth. Morisot (de Dijon), qui le réconcilia avec Jean de Laët, et du président de Mesmes, chez qui fut terminé son traité du Droit de la guerre et de la paix, traduit en français par Barbeyrac.

Souvent invoqué comme le livre le plus classique sur la matière, le *Mare liberum* n'était ni assez lu, ni assez répandu, même dans les bibliothèques publiques, surtout dans celles de la marine, dont le catalogue général fait mention d'un seul exemplaire existant à la bibliothèque centrale du département. Possédant celui qui a appartenu à Barth. Morisot, nous avons entrepris cette traduction avec zèle et dans l'espoir qu'elle serait généralement goûtée, même après la lecture d'ouvrages plus modernes et plus complets. Parmi ces derniers, nous citerons le Traité de la liberté des mers, de Gérard de Rayneval, où l'auteur s'est attaché à réfuter le *Mare clausum*, opposé au *Mare liberum* par Selden. Un parent de Grotius, Théod. Graswinckel, avait déjà rempli cette tâche dans ses *Stricturæ adversus Seldenum*, précédées des *Vindiciæ maris liberi adversus Burgum et Welvodum*. Faisons des vœux pour que des exemplaires de ces précieux monuments du droit politique soient recherchés et envoyés aux bibliothèques des ports; et terminons cette courte préface par un vœu plus solennel : c'est qu'un de nos grands ports de guerre ou de commerce, Cherbourg ou Nantes, voie s'élever sur sa rive un monument à la liberté des mers et à Grotius, qu'une place publique de Brest prenne son nom, et que ce nom soit constamment celui d'un des grands bâtiments de la flotte, et soit ainsi porté de siècle en siècle autour du monde[1] !

[1] Au moment où ceci s'imprime, le roi de Hollande fait ériger une statue à notre Descartes, qui habita longtemps les Provinces-Unies.

LETTRE

A M. LE RÉDACTEUR DES ANNALES MARITIMES

SUR UNE TRADUCTION ANTÉRIEURE.

Paris, 3 mai 1845.

Monsieur le rédacteur, au moment d'insérer aux Annales maritimes ma traduction du *Mare liberum* de Grotius, vous avez eu l'o-
bligeance de me faire connaître l'existence d'une version antérieure
due à Antoine de Courtin, résident général de Louis XIV vers les
princes et États du Nord, né à Riom en 1622, mort dans la même
ville en 1685. En vous quittant, je me suis rendu à la Bibliothèque
royale, où j'ai lu avec attention ce travail, qui a précédé le mien de
plus de 160 ans, quoiqu'il n'ait paru à La Haye qu'en 1703, c'est-
à-dire dix-huit ans après la mort du diplomate à qui on l'attribue.

Le résultat de mon examen a été de me confirmer dans l'espoir
que ma publication sera reconnue utile et même nécessaire. La version de Courtin est écrite purement, mais au courant de la plume et
avec trop de liberté; il est évident qu'elle a eu surtout en vue de
rendre notre auteur plus aisé à consulter dans les chancelleries. Grotius cependant méritait mieux; on lui devait des soins et des honneurs classiques[1]; et son premier interprète paraît l'avoir senti puisqu'il s'est abstenu de livrer lui-même au public une traduction trop
imparfaite. Non-seulement l'élégance et l'élévation de style du jurisconsulte hollandais n'ont point passé dans le français de M. de Courtin, mais vous allez juger du peu de fidélité de son travail par un
petit nombre de citations, qu'aisément j'aurais pu multiplier.

Dans la dédicace :

« Jus..... quod nec rex subditis negare debeat, NEQUE christianus
« NON christianis, » est ainsi rendu : « Justice... qui ne peut être déniée
ni par les rois à leurs sujets, ni par des chrétiens à ceux qui font profession du même christianisme. » Il fallait dire au contraire : « Ni par
des chrétiens à ceux même qui n'ont point encore admis la foi chré-
tienne. »

A la fin de la dédicace : *Bene audire* a été pris dans l'acception lit-

---

[1] La dédicace : *Ad principes populosque liberos orbis christiani*, devrait être
expliquée ou donnée en composition dans tous les colléges.

térale *bien écouter*. Mais n'est-ce pas ici un non-sens que de dire : « La première partie du bonheur consiste à bien faire, la seconde à bien écouter ? » Cette locution *bene audire* est le plus souvent usitée dans la bonne latinité pour exprimer que celui dont on parle jouit d'une honnête réputation. (Voir les lexicographes). On dit à la vérité : « Qui bene audit, bene capit; » mais cet aphorisme est lui-même susceptible de deux interprétations : « 1° A bon entendeur, salut; 2° bonne renommée vaut mieux que ceinture dorée. » Disons donc : « La première partie du bonheur consiste à bien faire; la seconde à en recueillir le fruit, qui est une honnête réputation. »

Toute la fin du chapitre V, le plus beau de cette dissertation, a été fort négligée par M. de Courtin ou celui qui a emprunté son nom. Ainsi :

« Addit Plinius impositis sagittariorum cohortibus piratarum metu « navigatum, solamque Indiam quingenties sestertium[1], si Arabiam « addas et Seres, millies annis omnibus Romano imperio ademisse, « et merces centuplicato venditas. »

Ne signifie point :	Mais bien :
« Et Pline ajoute que les Romains tiraient pour cinq cent mille sesterces[2] de marchandises des Indes, de l'Arabie et de la Chine, qu'ils revendaient au centuple. »	« Pline ajoute que la crainte des pirates fit mettre des gardes à bord des navires, que l'Inde seule enlevait annuellement à l'empire romain cinq cent mil'3 sesterces [3], et le double en ajoutant l'Arabie et la Tartarie orientale; qu'enfin les marchandises transportées se vendaient au centuple du prix d'achat. »
(Il y a là autant de fautes que de mots.)	

Au chapitre VII.

« Apparet igitur Angelum...... aut falli aut fallere, quod sane juris- « consultis nimium est frequens, cum sanctæ professionis auctoritatem « non ad rationes et leges, sed ad gratiam conferunt potentiorum, » est déplorablement interprété comme suit : « Il n'est que trop ordinaire aux jurisconsultes d'abuser de leur profession pour flatter les puissances contre la raison et contre les lois. »

Ici, j'ai besoin de douter qu'un des diplomates les plus estimés du XVII° siècle soit l'auteur de cette traduction. Il est impossible, en

---

[1] *Quingenties sestertium pondus*, ou *quingenties mille sestertii nummi*, cinq cent mille sesterces (de 20 centimes ½ chaque), représentent seulement, en valeur intrinsèque, 101,895 francs de notre monnaie; et *millies sestertium*, un million de sesterces, valent ainsi 203,790 francs. Mais, pour apprécier l'importance du commerce de Rome avec l'Inde, il faut avoir égard à la rareté du numéraire au temps où Pline écrivait.

[2] *Ibid.*

[3] *Ibid.*

effet, d'accumuler en aussi peu de paroles plus d'inintelligence ou de mauvaise foi. Bien loin d'insulter en masse aux jurisconsultes, Hugues de Groot rend constamment hommage à l'immense majorité de ses prédécesseurs et contemporains, et dit seulement que les partisans de l'opinion par lui combattue « se trompent ou trompent les autres » (et plus exactement encore : « se sont trompés ou ont été induits en erreur), ce qui n'est que trop fréquent aux jurisconsultes, QUAND ils n'emploient pas l'autorité de leur profession SACRÉE à soutenir la raison et les lois, mais l'asservissent aux intérêts des plus puissants. A mon sens, non-seulement ce passage de la version attribuée à M. de Courtin mérite d'être critiqué pour inexactitude de traduction; mais il exprime une imputation fausse et diffamatoire, qui serait aujourd'hui du ressort de la police correctionnelle.

Encore un gros contre-sens au chapitre VIII, et ce sera ma dernière citation. Il porte sur la phrase suivante :

« Unde navium exercitionem ad summam rempublicam pertinere « dicit Ulpianus, institorum non eumdem esse usum, quia ILLA om- « nino secundum naturam necessaria EST. »

Comment peut-on voir là une idée de monopole de la navigation par l'État, et de liberté pleine à accorder, par opposition, au commerce de détail? Grotius dit « qu'il appartient à une grande nation de donner tout le développement possible à sa marine, parce que la navigation est une des nécessités de la nature, tandis que le commerce de détail n'est pas d'un usage si important. » Et Antoine de Courtin lui fait dire que « l'exercice de la navigation appartient au corps de la république, ce qui est différent pour le commerce en détail, dont l'usage libre est absolument nécessaire pour la vie. »

Et ainsi du reste.

Je vous renouvelle, monsieur le rédacteur, tous mes remercîments, et vous prie d'avoir la bonté de faire porter cette lettre à la suite de ma préface dans le prochain numéro des Annales.

, L'édition de 1633 du *Mare liberum* est suivie de la dissertation de Paul Mérula *de Maribus ;* mais celle-ci contient des passages hébreux que je n'ai point la témérité d'aborder. Pour m'en dédommager, j'ai traduit en vers le chapitre VII du discours d'Antoine de Guévarre [1],

---

[1] Description gentille de la mer et des qualités dangereuses qu'elle a, traduite de don Antoine de Guévarre, auteur des Épîtres dorées, évêque, confesseur, conseiller et historiographe de l'empereur Charles-Quint.

> « Qui souhaitera la vie des galères, Dieu la lui doint. Ce thème n'est creu en l'escolle ny en l'université d'Athènes, ains est venu de la chiorme des galiots. »
>
> (*Exorde du discours de Guévarre sur les travaux et priviléges des galères.*)

A pratiquer la mer n'est si facile
Que l'on y puisse aller tout plaisamment ;

sur les travaux et priviléges des galères; et ce monument littéraire,

Ains il convient la tenter seulement
S'il est utile.

Car est bien sot, voire bien ignorant,
Bien détaché de sa pauvre existence
Tel qui s'y rend;
A moins d'aller purger sa conscience
Ou soubtenir le pavillon de France,
Rage le prend.

Est belle à voir, à passer dangereuse,
Rien qu'une fois pour un homme trompeuse,
L'eau de la mer;
Mais si cruelle est dans sa tromperie,
Que le trompé n'a plus la fantaisie
De lamenter.

C'est une mine où plusieurs s'enrichissent;
C'est une tombe où plusieurs s'engloutissent.

Au moindre esquif
Dans la bonace elle est soumise;
Dans sa colère elle le brise,
Vaisseau rétif!

La mer repousse ignorance et paresse,
Mais veut du bien
Au guerrier plein de savoir et d'adresse,
Comme au marchand qui poursuit la richesse
Sans jamais se lasser de rien.

C'est le manteau des pauvres sans refuge
Et des méchants;
Du vicieux elle n'est point le juge,
Et si fait cas du mérite des gens.

Est donc bien sot qui veut faire alliance
Avec les mers,
Si de braver le choc des flots amers
Et de combattre il ne sent la vaillance.

Malicieuse, il faut toujours
Prendre ses œuvres à rebours;
Si donc elle paraît clémente
Gare bientôt quelque tourmente;
Gros temps vient-il de commencer,
Le calme va le remplacer.

Cruellement capricieuse,
Elle endure les uns trente ans,

ainsi reproduit, ne m'a pas semblé indigne d'accompagner la dissertation de Grotius. Vous en trouverez ci-dessous la copie.

J'ai l'honneur, etc.

A. GUICHON DE GRANDPONT.

Et moissonne dès son printemps,
Une gloire déjà fameuse.

La mer, hélas! ne fait pas le bonheur
De ceux qui vivent avec elle;
Le corps toujours est en peine, et le cœur
De quelque fortune cruelle
Toujours en peur.

Mais ne croyez qu'elle semonde
Ou qu'elle séduise le monde
Pour l'attirer à naviger;
Assez à tous elle se monstre;
Tout en elle est prodige et monstre;
Tout nous signale le danger :

La profondeur de ses abîmes,
Le grand nombre de ses victimes,
De ses vagues le haut orgueil
Lorsque le vent la contrarie
Et fait échouer sa furie
Sur la majesté d'un écueil.....

Voilà par quels avis la nature sublime
Se manifeste à tous les yeux,
Et les parents d'une victime
N'ont rien à reprocher aux cieux.

Car celui qui fait vœu de courir l'onde amère
Au fond du cœur ne tremble point;
S'il choisit cette vie et rit de sa misère,
Dieu la lui doint! !!

DE LA LIBERTÉ DES MERS.

AUX PRINCES ET AUX PEUPLES LIBRES

DU MONDE CHRÉTIEN.

C'est une vieille et non moins pestilentielle erreur que celle par laquelle bien des hommes, ceux surtout qui sont le plus favorisés du pouvoir et de la richesse, se persuadent ou plutôt cherchent à persuader que le juste et l'injuste ne se distinguent point par leur propre nature, mais bien par une vaine opinion des hommes et par l'habitude qu'ils en ont prise. Ces gens pensent que les lois et une sorte d'équité conventionnelle ont été inventées dans le seul but de réprimer les dissensions et les tumultes des prolétaires; tandis que, pour eux, qui sont placés au faîte de la fortune, tout droit n'a de règle que leur volonté, et leur volonté de mesure que l'utilité. Et il n'est pas si étonnant que ce sentiment, tout à fait absurde et contraire à la nature, se soit concilié quelque autorité, parce qu'au mal commun qui porte les hommes à suivre le vice et ceux qui le soutiennent, sont venus se joindre les artifices des flatteurs, auxquels toute puissance est exposée.

Mais, d'un autre côté, à plusieurs époques, ont surgi des hommes libres, sages et religieux, qui se sont attachés à extirper cette fausse idée des âmes simples, en même temps qu'ils ont convaincu d'impudence le reste de ses défenseurs. Ils enseignaient, en effet, un Dieu fondateur et directeur de l'univers entier, et surtout père de l'humanité que, pour cette raison, il n'avait point séparée en espèces diverses sujettes à divers sorts, mais qu'il avait voulue d'un même genre et comprise sous une même dénomination, à qui, de plus, il avait donné la même origine, la même disposition d'organes, des visages amicalement

tournés les uns vers les autres, le langage et les autres moyens
de communication, afin que tous comprissent qu'il y a entre
eux une société et une parenté naturelles. Ils disaient qu'à cette
race par lui créée ce haut prince et père de famille avait tracé
quelques lois, tant pour la maison que pour la cité, non sur l'ai-
rain ni sur des tables, mais dans le sens et l'âme de chacun, où
elles s'offrent à la lecture de ceux même qui les fuient et les mé-
prisent; qu'à ces lois sont pareillement tenus les grands et les petits; qu'en ce qui les concerne il n'est rien permis de plus aux
rois qu'au peuple contre les arrêtés des décurions, aux décurions
contre les édits des gouverneurs, aux gouverneurs contre les or-
donnances des rois eux-mêmes. Et si ces droits de chaque peuple
et de chaque ville découlent d'une telle source, n'en ont-ils pas
reçu la majesté et la sainteté?

Comme en chaque être humain existent certaines qualités
qu'il a en commun avec tous, et certaines par lesquelles chacun
est distingué de tout autre; ainsi, des choses que la nature a
produites à l'usage de l'homme, elle a voulu que les unes demeu-
rassent communes et que d'autres devinssent le propre de chacun par le travail et l'industrie, en leur donnant respectivement
de telles lois que tous usassent des biens communs sans préjudice
pour personne, et qu'à l'égard du reste chacun se contentât de
ce qui lui serait échu et s'abstînt du bien d'autrui.

Or, si nul ne peut méconnaître ces principes sans cesser d'être
homme, s'ils ont été connus même des nations auxquelles, dans
leur aveuglement de toute vérité, a lui le seul flambeau de la nature, que devez-vous sentir et faire, princes et peuples chrétiens?
Si quelqu'un trouve dur qu'on réclame de lui ce qu'exige la profession d'un nom si saint, dont le moins est de s'abstenir d'injustice, chacun certes peut connaître son devoir par ce qu'il prescrit
lui-même aux autres. Il n'est personne de vous qui ne proclame
ouvertement que chacun est modérateur et arbitre de sa chose,
qui ne veuille que tous les citoyens jouissent également et en
commun des fleuves et des places publiques, qui ne défende de
tous ses moyens la liberté de voyager et de commercer. Si donc
vous pensez, et avec juste raison, que cette petite société nommée
république ne peut être stable sans de tels principes, comment
ne seraient-ils pas aussi nécessaires à soutenir la société, à entretenir la concorde de tout le genre humain? Si quelqu'un y con-
trevient dans l'État, vous vous indignez à bon droit, vous faites

même des exemples selon la grandeur du délit, sans autre cause sinon que là où s'étendent de pareilles licences l'État ne peut demeurer tranquille. Et si un roi agit injustement et violemment envers un roi, un peuple envers un peuple, n'est-ce donc pas une atteinte au repos de la grande cité, une injure au conservateur suprême ? Il importe que vous jugiez les magistrats ordinaires comme ils jugent eux-mêmes le peuple; ainsi le roi de l'univers vous a délégués pour connaître et punir les délits de tous, en se réservant la connaissance et la punition des vôtres. Et tout en se réservant une vengeance suprême, tardive, occulte, mais inévitable, il n'en a pas moins délégué deux juges qui interviennent aux choses humaines et que ne peut fuir le plus heureux des coupables : la conscience et l'opinion. Ces tribunaux sont ouverts à ceux pour lesquels les autres se ferment; là les faibles vous assignent; là sont vaincus ceux qui ne triomphent que par la force, qui ne mettent pas de frein à la licence, qui estiment à vil prix ce qui s'achète à celui du sang humain, qui protégent l'injustice par l'injustice, ceux dont il est nécessaire que les crimes manifestes soient condamnés par le jugement unanime des gens de bien, tandis qu'eux-mêmes ne peuvent s'absoudre par sentence de leur propre cœur.

C'est à ce double tribunal que nous aussi apportons une cause nouvelle. Il ne s'agit certes point ici de la mitoyenneté d'un mur ni du déversement des eaux sur l'héritage voisin, objets d'intérêt purement privé; il ne s'agit même pas de ces débats fréquents entre les peuples au sujet de la propriété d'un champ sur la frontière, de la possession d'un fleuve ou d'une île; mais il est ici question de tout l'Océan, du droit de naviguer et de la liberté du commerce. Entre nous et les Espagnols, il y a controverse sur les points suivants : l'immense et vaste mer est-elle la dépendance d'un royaume seul, et qui n'est pas même le plus grand de tous? Est-ce le droit d'un peuple quelconque d'empêcher les peuples qui le veulent de vendre, d'échanger, en un mot de communiquer entre eux? Quelqu'un a-t-il pu donner ce qui ne lui a jamais appartenu, ou s'emparer à titre d'inventeur de ce qui était déjà la propriété d'un autre? L'injustice d'un long temps donne-t-elle quelque droit en ces matières? Dans ce débat nous appuyons notre sentiment du sentiment de ceux-là même qui, parmi les Espagnols, sont les principaux maîtres du droit divin et du droit humain; enfin nous invoquons les lois proprès à l'Espagne même; et si cela ne sert de rien, si la cupidité empêche de se désister ceux que de bonnes raisons auront convaincus, ô vous tous et de partout, princes et nations, nous en appelons à votre majesté et à votre foi. Nous ne soulevons pas une question ardue ni embarrassée; nous ne traitons pas de ces points ambigus de religion qui paraissent avoir le plus d'obscurité, qui ont été débattus si longtemps et par de si grands esprits; ils ont laissé chez les sages la presque certitude que nulle part on ne trouve moins la vérité par soi-même que là où la croyance est d'obligation. Nous ne vous entretiendrons pas de l'état de notre république, ni d'une liberté que nos armes n'ont point enfantée, mais vengée; sujet sur lequel peuvent sagement prononcer ceux qui ont étudié avec soin les anciens droits des Belges, les coutumes de nos ancêtres, et qui ont reconnu que la royauté n'était point placée au-dessus des lois, mais qu'elle tirait son origine et son action des lois même; question, toutefois, dans laquelle la nécessité (où nous a mis le plus dur asservissement) de recourir à des juges équitables, l'autorité publique de tant de nations, proclamée à de trop subtils raisonneurs, enfin l'aveu même de nos adversaires, n'ont rien laissé qui pût être encore l'objet d'un doute pour les esprits les plus malveillants et les plus hostiles [1].

La difficulté que nous vous soumettons n'a rien avec cela de commun, ne demande aucune recherche pénible, ne dépend ni de l'explication du divin livre auquel il y a tant de choses que bien des gens ne comprennent pas, ni de connaissances propres à un seul peuple, et justement étrangères aux autres. La loi selon les préceptes de laquelle il faut ici juger n'est point difficile à trouver, puisqu'elle est la même chez tous; elle est aisée à comprendre, car elle est innée et réside en l'âme de chacun. Le droit que nous réclamons est tel, que ni roi ne peut le refuser à ses sujets, ni chrétien à ceux même qui ne sont pas chrétiens. Il dérive en effet de la nature, qui est également la mère de tous, dont l'empire s'étend sur ceux qui commandent aux nations, et leur est d'autant plus sacré qu'ils sont plus

---

[1] L'auteur, est-il besoin de le dire? fait ici allusion à la conquête de l'indépendance des sept provinces de la Hollande, qui, après une lutte courageuse contre la tyrannie de Philippe II, fils de Charles-Quint, leur souverain, se lièrent par l'union d'Utrecht en 1579, et, ayant assemblé leurs états généraux, déclarèrent le roi d'Espagne déchu de la souveraineté des Pays-Bas, et se constituèrent en république. *(Note du traducteur.)*

avancés en piété. Jugez cette cause, princes et peuples ; jugez si nous demandons quelque chose d'injuste ; vous savez quelle sera toujours sur nous votre autorité, et, parmi vous, celle de nos plus proches voisins. Décidez, nous obéirons. Si nous avons quelque tort dans cette cause, nous n'implorons aucune pitié de votre colère ni de la haine du genre humain. Mais, s'il n'en est pas ainsi, nous laissons à votre religion, à votre équité, ce qu'il y aura lieu pour vous de penser et de faire.

Autrefois, entre les peuples les plus civilisés, on regardait comme un grand crime d'attaquer à main armée ceux qui avaient remis à des arbitres la décision de leurs différends ; et, quant à ceux qui refusaient une si équitable condition, les autres peuples se réunissaient pour les dompter comme ennemis, non pas d'un seul, mais de tous. Or nous voyons dans cette cause des négociations ouvertes, des juges constitués. Autrefois aussi les rois eux-mêmes et les nations puissantes n'estimaient rien aussi grand et aussi glorieux que de soumettre l'insolence des uns, de secourir la faiblesse et l'innocence des autres. Et si tel était encore aujourd'hui le crédit de cet usage que les hommes ne regardassent aucun des intérêts de l'humanité comme leur étant étranger, nous jouirions certes bien davantage de la paix du monde ; car l'audace de beaucoup de gens se refroidirait, et, quant à ceux qui négligent maintenant la justice à raison de l'utilité, ils désapprendraient l'injustice à leur dam. Mais comme, selon toute apparence, nous n'entretenons pas dans cette cause un fol espoir, nous avons aussi bonne confiance que, les choses bien examinées, vous penserez tous que les retards de la paix ne nous sont pas plus imputables que les causes de la guerre, et, en conséquence, que l'amitié favorable et bienveillante dont vous nous avez honorés ne fera que s'accroître. C'est ce qui peut arriver de plus désirable à ceux qui pensent que la première partie du bonheur consiste à bien faire, et la seconde à jouir d'une réputation méritée d'honnêteté.

DISSERTATION DE GROTIUS

LA LIBERTÉ DES MERS.

CHAPITRE PREMIER.

En vertu du droit des gens, la navigation est libre de peuple à peuple.

Nous nous sommes proposé de démontrer, brièvement et clairement, que c'est un droit pour les Hollandais, c'est-à-dire pour les sujets des Provinces-Unies belgico-germaniques, de naviguer, comme ils le font, chez les Indiens, et d'entretenir commerce avec eux. Nous poserons pour base cette règle certaine du droit des gens appelé *primaire*, dont le sens est clair et immuable, savoir : qu'il est permis à toute nation d'aborder toute autre nation et de négocier avec elle. Dieu lui-même nous le dit par la voix de la nature, puisqu'il n'a pas voulu qu'elle subvînt en chaque lieu à tous les besoins de la vie, et puisqu'il a donné à telles nations d'exceller dans tels ou tels arts. Et dans quel but, sinon parce qu'il a voulu que les amitiés humaines fussent entretenues par le manque et l'abondance mutuels, de crainte que quelques-uns, pensant se suffire à eux-mêmes, ne devinssent par cela même insociables? Aussi arrive-t-il qu'une nation supplée à ce qui manque à l'autre par une 'oi de divine justice, de telle sorte, dit Pline, que ce qui est engendré quelque part semble né chez tous (*Panégyr.*). Ainsi nous entendons les poëtes chanter :

> Que tous fruits ne sont pas produits par toutes terres.
>
> (Virgile, *Géorg.*, liv. II.)

Et ailleurs :

> Les uns ont récolté; d'autres mettent en œuvre. (*Ibid.*)

Ceux donc qui repoussent un tel principe abolissent cette société si honorable du genre humain, bannissent les occasions de se rendre mutuellement service, et violent enfin la nature elle-même. Car l'Océan, navigable en tous sens, dont Dieu a entouré les terres, le souffle régulier ou irrégulier des vents qui ne viennent pas toujours de la même région et passent alternativement sur chacune, ne signifient-ils point assez que la nature a accordé à tout peuple l'accès des autres peuples ? Sénèque (*Questions naturelles*, 3, 4), regarde comme un grand bienfait de la nature qu'à l'aide du vent elle ait réuni les nations dispersées, et qu'elle ait réparti de telle sorte ses productions sur la terre, que le commerce soit nécessaire entre les hommes. Oui, ce droit appartient à tous les peuples; et c'est ce que des jurisconsultes très-distingués poussent jusqu'à nier qu'aucun état, aucun prince puisse interdire à d'autres l'accès auprès de ses sujets, ni le droit de négocier avec eux. (*Inst. De rerum divisione; et L. Nemo igitur, ff. eod.;* Voy. Gent. *De Jure belli*, liv. I, ch. xix, *et L. Mercatores, c. De com.*). De là dérive le droit si saint de l'hospitalité; de là les plaintes du poëte :

> Mais quel est donc ce peuple? En quel affreux pays
> Cet usage odieux fut-il jamais permis ?
> Des bords on nous repousse; on nous livre la guerre
> Et l'on nous interdit l'arène hospitalière.
>
> (Virgile, *Énéid.*, liv. I.)

Et ailleurs :

> Nous venons implorer pour nos dieux agités
> Un peu de terre inculte au bord de votre empire,
> Et l'air et l'eau communs à tout ce qui respire.
>
> (*Énéid.*, liv. VII).

Ne savons-nous pas, au rapport de Diodore, l. XI, et de Plutarque, dans la Vie de Périclès, que telle a été la cause de plusieurs guerres, de celle des Mégariens contre les Athéniens [1], et du peuple de Bologne contre les Vénitiens? Victoria pense que les causes les plus justes et les plus probables de la guerre des Espagnols contre les Américains furent que ceux-ci les empêchaient de passer et de voyager chez eux, les excluaient de la participation aux choses qui sont communes en vertu du droit des gens ou des coutumes, et ne les admettaient enfin à aucun commerce [2]. Nous lisons pareillement dans l'histoire de Moïse, au livre des Nombres, chapitre XX, et nous retrouvons dans saint Augustin [3] que les Israélites firent justement la guerre aux Amorrhéens pour refus d'un passage inoffensif sur leur territoire, passage qui, du droit de la société humaine et de toute justice, aurait dû leur être ouvert. Ce fut encore le motif qui arma Hercule contre le roi d'Orchomène, et les Grecs sous Agamemnon contre le roi de Mysie, à ce que nous apprend Sophocle dans sa tragédie intitulée les Trachydiennes, comme si, dit Balde, les chemins étaient libres naturellement (3. *Cons.* 293). Nous voyons dans Tacite (4. *Hist.*) que les Germains accusaient Rome d'empêcher tous rapports, toutes communications entre les peuples, de clore ainsi les fleuves, les terres, et en quelque sorte le ciel lui-même. Aucun titre enfin ne fut plus favorable aux entreprises des Chrétiens contre les Sarrasins, que le refus qu'ils en essuyèrent de tout accès dans la Judée [4]. Il résulte de ce sentiment que les Portugais, fussent-ils maîtres des pays où se rendent les Hollandais, commettraient cependant une injustice s'ils en fermaient à ceux-ci l'entrée et leur en interdisaient le commerce.

Combien donc est-il plus injuste que des peuples soient privés

---

[1] Tout en considérant l'exclusion des Mégariens des ports et du territoire d'Athènes comme principal motif de la guerre du Péloponèse, Plutarque dit que la cause première n'en fut jamais bien connue; il cite quelques vers d'Aristophane, qui, loin de laver Périclès du reproche d'excitation à cette guerre par haine et malveillance personnelles, font remonter l'origine du différend à l'enlèvement de Simatha la Mégarienne par des jeunes gens ivres d'Athènes, et aux représailles des Mégariens sur *deux garses d'Aspasie*, maîtresse de Périclès en politique aussi bien qu'en éloquence et en amour. (*Note du traducteur.*)

[2] Sig. ult., *De reb. ital.*—Vict.,*de Indis,*part. 2, n° 1 à 7.—Covarruvyas, *in c. Peccatum,* § 9, n. 4, *ibi Quinta.*

[3] Aug. lib. IV, qu. 44, *Super num.;* et Est. c. ult. 23, 4, 2.

[4] Alcyat, 7. *Cons.* 130. — Covarruvias, c. *Peccat.* p. 2, § 0; — Bartole, ad *L. 1, c. de Pagan.*

d'un commerce qu'ils veulent réciproquement, par le fait de ceux à qui n'appartiennent ni ces peuples, ni l'élément à traverser pour aller de l'un à l'autre ; quand nous ne détestons les voleurs et les pirates à d'autres ni de meilleurs titres, sinon qu'ils assiégent et infestent les moyens de communication des hommes entre eux !...

CHAPITRE II.

**Les Portugais n'ont, à titre de découverte, aucun droit de propriété
sur les régions où naviguent les Hollandais.**

C'est par un argument bien certain que nous prouvons que
les Portugais ne sont point maîtres des pays où se rendent les
Hollandais, comme Java, Taprobane (Ceylan), et la plus grande
partie des îles Moluques, puisque personne ne peut se dire
maître d'une chose qu'il ne posséda jamais lui-même, et que personne n'a jamais possédée en son nom. Les îles dont nous parlons ont et eurent toujours leurs rois, leurs intérêts publics,
leurs législations et leurs droits. Le commerce y est accordé aux
Portugais comme aux autres nations; et par cela même qu'ils
payent des tributs, par cela même qu'ils sollicitent des princes
le droit de commercer, ils reconnaissent assez qu'ils ne sont pas
maîtres de ces contrées, mais qu'ils y viennent comme étrangers et n'y résident qu'à titre précaire. Et quoiqu'un titre ne
suffise point à celui qui se prétend propriétaire, s'il n'y réunit la
possession (autre chose étant d'avoir un bien, ou d'avoir le droit
de l'obtenir), j'affirme cependant encore que les Portugais n'ont
sur ces pays aucun titre de propriété que ne leur enlève le sentiment des docteurs, même espagnols.

Et d'abord, s'ils prétendent que ces terres leur appartiennent
en récompense de la découverte (*inventionis*) qu'ils en ont faite, ils
ne parlent ni selon le droit, ni selon la vérité. Trouver en effet
ne consiste point à usurper seulement des yeux, mais à appré-
hender en réalité, ainsi que nous le montre une épître de Gor-
dien (*L. Si barsatorem, C. De fidejuss.*); d'où les grammairiens
considèrent les deux mots *trouver* et *occuper* (*invenire* et *occupare*)
comme ayant la même signification; enfin tout le latin que nous
avons appris nous dit qu'*invenire* est le contraire de *perdere*. On
peut voir à ce sujet ce qu'enseigne Hugues Doneau, en ses Com-
mentaires du droit civil, liv. IV, chap. x. Ainsi, la raison naturelle, les termes précis des lois (*Inst. de rer. div., Si illud quæsitum est*)

et l'interprétation des savants montrent évidemment que la découverte qui suffit pour acquérir un titre de propriété est celle
à laquelle vient se joindre la possession, de telle sorte que, s'il
s'agit de meubles, ils soient appréhendés, et, s'il s'agit d'immeubles, ils soient entourés de bornes et gardés (*L. 3, ff. De acq. poss.*),
ce dont on ne peut, dans l'espèce, se prévaloir ; car les Portugais
n'ont point là-bas de garnison.

Que sera-ce donc, puisque les Portugais ne peuvent même
dire en aucune façon avoir fait la découverte de l'Inde qui était
célèbre depuis tant de siècles ? Déjà, du temps d'Horace,

> Fuyant la pauvreté sur les flots orageux
> S'élançait vers l'Indus le marchand courageux.
> (Liv. Ier, épître Ire.)

Les Romains ont exactement décrit la plus grande partie de
l'île de Taprobane (Ceylan) (Pline, *Hist. nat.*, liv. VI, ch. XXII).
Non-seulement les Perses et les Arabes, ses voisins, mais aussi
les Européens, et surtout les Vénitiens, avaient connu cette île,
et d'autres encore, bien avant les Portugais.

C'est d'ailleurs un principe que la découverte ne donne de
droit que sur les choses qui antérieurement n'appartenaient à
personne (*L. 3, ff. De acq. rer. dom.*). Or les Indiens, lorsque les
Portugais arrivèrent chez eux, bien qu'ils fussent en partie idolâtres, en partie mahométans, et souillés par conséquent de
graves erreurs, n'en avaient pas moins la parfaite propriété de
leurs biens et de leurs possessions, propriété qui ne pouvait leur
être enlevée sans juste cause (Covarruvias, *in cap. Peccatum*,
§ 10, n. 2, 4 et 5). Voici ce qu'à cet égard, sur des raisons ex-
cellentes, et après d'autres auteurs de grand renom, conclut
l'Espagnol Victoria, en son Traité de la Puissance civile, 2e partie,
n° 9 : « Ne peuvent, dit-il, les chrétiens, soit laïques, soit ec-
clésiastiques, dépouiller les infidèles de leur puissance civile et
de leur souveraineté, à ce seul titre qu'ils sont infidèles, à moins
d'avoir reçu d'eux quelque autre injure. » La foi, en effet,
comme l'observe avec raison saint Thomas (*Somme*, 2e part.,
2e div. qu. 10 à 12), n'ôte rien au droit naturel ou humain, d'où
le domaine temporel dérive. C'est même une hérésie de croire
que les infidèles ne sont point les maîtres de leurs biens ; et, conséquemment, ce n'est pas moins un vol et une rapine de leur enlever ce qu'ils possèdent, que d'agir de la sorte envers des chré-

tiens. Victoria (*de Indis*, part. 2, n.4, 5, 6, 7 et 19) dit donc fort sagement que cette différence de religion n'a pas donné aux Espagnols plus de droits sur l'Inde que les Indiens n'en auraient eus sur l'Espagne, si quelques-uns d'entre eux y fussent venus les premiers. Enfin les Indiens d'Orient ne sont ni féroces, ni stupides, mais habiles et industrieux, en sorte qu'on ne peut même tirer de leur caractère un prétexte de les soumettre, prétexte qui ne laisserait pas que d'être, par lui-même, d'une iniquité manifeste. Autrefois déjà Plutarque disait que la cupidité du bien des autres n'en était pas moins déshonnête lorsqu'elle se voilait de l'intention d'adoucir leur barbarie. Et maintenant aussi, ce prétexte d'amener malgré elles les nations à des mœurs plus civilisées, prétexte usurpé jadis par les Grecs et par Alexandre, est déclaré injuste et impie par tous les théologiens, surtout par les Espagnols. (Voy. Vasquez, *in Præf.*, nº 5.)

CHAPITRE III.

En second lieu, si l'on se prévaut du partage fait par le pape Alexandre VI, il y a lieu de demander avant tout si le souverain pontife a seulement voulu terminer les discussions pendantes entre les Portugais et les Espagnols, ce qu'il eut assurément le pouvoir de faire en tant qu'arbitre choisi entre eux, comme leurs rois eux-mêmes, au témoignage de Jérôme Osorio, avaient précédemment conclu quelques traités à ce sujet (et, en ce cas, le litige ayant eu lieu entre quelques-uns seulement, la décision ne concerne nullement les autres peuples) ; ou si le pape a voulu donner à deux nations presque les deux tiers du monde ; et quant à ceci, en eût-il eu la volonté et le pouvoir, il ne s'ensuivrait pas toutefois immédiatement que les Portugais fussent les maîtres de ces pays ; car ce n'est point la donation qui fait le maître, mais bien la tradition ou livraison accomplie (*Instit. de rerum div. § Per tradit.*). Ainsi, à cette source même de propriété devrait venir se joindre la possession.

Mais, bien plus, si l'on veut scruter les principes du droit, tant humain que divin, au lieu de ne se régler que sur son propre intérêt, on comprendra facilement qu'une donation de cette sorte n'est d'aucune valeur comme étant le don de la chose d'autrui. Je n'entamerai point ici une discussion sur la puissance du souverain pontife, c'est-à-dire de l'évêque de l'Église romaine, et je n'avancerai même rien qui ne soit hors de doute, ou, en d'autres termes, que ne professent les plus savants d'entre ceux qui accordent à la papauté l'autorité la plus étendue. Ils reconnaissent aisément que Notre-Seigneur Jésus-Christ a abdiqué tout empire terrestre (S. Luc, xii, 24, et S. Jean, xviii, 36) ; qu'assurément il n'a pas eu, en tant qu'homme, le domaine de toute la terre, et que, l'aurait-il eu, ce droit ne peut s'être trouvé transmis à aucun titre, soit à saint Pierre, soit à l'Église romaine, comme dépendant de leur vicariat. Et puisque d'ailleurs il est certain que le Christ a aussi possédé bien des choses dans lesquelles évidemment ne lui a point succédé le souverain pontife, ces mêmes auteurs ont déclaré nettement (je me servirai de leurs propres paroles) que le pape n'est point le seigneur civil et temporel de toute la terre. (Victoria, *de Indis,* part. 1, n. 25 et 27; Vasquez, chap. XXI; Turrianus; Hugo (probablement saint Hugues, abbé de Cluny); Covarruvias, *in c. Peccat.,* § 9, n. 7). Mais, eût-il sur le monde une telle puissance, encore ne saurait-il l'exercer avec raison, content qu'il doit être de sa juridiction spirituelle qui ne peut, en aucune sorte, être par lui concédée aux princes séculiers. Ainsi donc, si le pape a cette puissance, il ne l'a, comme le disent ces auteurs, en se fondant sur l'autorité de saint Matthieu, XX, 26, et de saint Jean, VI, 15, qu'eu égard aux choses spirituelles; il ne l'a donc point sur les peuples infidèles, puisqu'ils n'appartiennent point à l'Église. (Voir les auteurs précités, ainsi qu'Ayala, liv. I, c. II, n. 29, et S. Thomas d'Aquin, *Somme,* 2ᵉ part., 2ᵉ div., qu. 12, a. 2.)

Il suit de là, d'après l'opinion de Cajetan, rapportée au chapitre IV ci-après, de Victoria et de la meilleure partie des théogiens et des canonistes [1], que la donation des Indes par le pape n'est point un titre à opposer à leurs habitants, comme s'il eût été le maître absolu d'en disposer, et qu'on ne peut non plus les leur enlever sous prétexte qu'ils ne reconnaissent point l'autorité du souverain pontife : et cela est si vrai, qu'on n'a jamais invoqué un pareil titre pour dépouiller les Sarrasins.

---

[1] Thom., II, 2, qu. 66, a. 8. — Silv., *De infid,,* § 7. — Inn., *in c. Quod super his de voto.* — Vict., n. 31.

CHAPITRE IV.

La question ainsi dégagée, et puisqu'il est manifeste, comme l'écrit Victoria (*loco citato*, n. 31) que les Espagnols, en se rendant à ces terres éloignées, n'emportaient avec eux aucun droit d'en usurper les provinces, reste le seul titre de la guerre, qui, fût-il juste, ne saurait servir à fonder la propriété que du droit de conquête, c'est-à-dire après l'occupation. Or, il s'en faut tellement que les Portugais aient occupé ces domaines, qu'ils n'avaient à cette époque aucune guerre avec les nations fréquentées par les Hollandais. Aucun droit ne peut donc leur en être advenu, puisque, s'ils ont eu à souffrir quelque injustice de la part des Indiens, ils sont à bon titre censés les leur avoir remises par une longue paix et des relations amies. Bien plus, ils n'ont en aucun motif de leur faire la guerre ; car ceux qui livrent la guerre aux barbares, comme l'ont fait les Espagnols à l'égard des Américains, ont coutume de mettre en avant deux prétextes : ou qu'ils sont par eux éloignés du commerce, ou que ces barbares ne veulent pas reconnaître la doctrine de la vraie religion. Or les Portugais ont obtenu des Indiens la liberté de commerce, en sorte qu'ils n'ont aucune plainte à former sur ce point[1] ; et quant à l'autre prétexte, il n'est pas plus juste que celui des Grecs envers les barbares, auquel fait allusion Boëce lorsqu'il dit, dans son quatrième livre *De consolatione philosophiæ :*

> Quoi! la diversité, l'éloignement des mœurs
> Ont-ils donc suscité ces injustes armées
> Par qui tant d'épouvante et de morts sont semées!....
> Non ; ce n'est point assez pour de telles fureurs.

Telle est aussi la conclusion du docteur angélique et du concile de Tolède, de Saint-Grégoire, des théologiens, canonistes,

---

[1] Vasquez, c. 24, *Controv. ill.* — Victoria, *de Indis*, p. 2. ; n. 10.

et de presque tous les jurisconsultes[1]. Partout où la foi a été annoncée aux barbares (car à l'égard de ceux qui ont été antérieurement les sujets des princes chrétiens, c'est-à-dire quant aux apostats, c'est une tout autre question) ; partout, dis-je, où la foi a été annoncée aux barbares, suffisamment et dignement, s'ils n'ont pas voulu y ouvrir les yeux, ce n'est point une raison pour qu'il soit permis de leur faire la guerre, ni de les dépouiller de leurs biens (Saint Matthieu, X, 22). Et ici, il est utile de rapporter sur cette matière les propres paroles de Cajetan sur la Somme de saint Thomas, 2ᵉ partie, 2ᵉ division, quest. 4 et 66, article 8 :

« Quelques infidèles, dit-il, ne sont ni de droit ni de fait sous la domination des princes chrétiens ; comme aussi l'on découvre des idolâtres qui n'ont jamais été soumis à la domination romaine, et qui habitent des terres où ne pénétra jamais le nom du Christ. Et leurs maîtres, bien qu'infidèles, sont maîtres légitimes, quel que soit d'ailleurs le régime monarchique ou politique de leur gouvernement ; et ils ne peuvent être privés du domaine de leurs biens à raison de leur manque de foi, puisque la propriété est du droit positif, et l'infidélité du droit divin qui n'anéantit pas sous lui le droit positif, ainsi que nous l'avons démontré plus haut. Or je ne connais, en ce qui les concerne, aucune loi de l'ordre temporel. Aucun roi, aucun empereur, ni l'église romaine elle-même ne peut leur déclarer la guerre pour occuper leur territoire ou pour les soumettre eux-mêmes temporellement, parce qu'il n'y a là contre eux aucune juste cause de guerre, et parce que Jésus, le roi des rois, à qui la puissance a été donnée au ciel et sur la terre, a envoyé pour prendre possession du monde, non pas les soldats d'une milice armée, mais de saints prédicateurs, comme des brebis parmi les loups (Saint Matthieu, X, 16). Aussi ne voyons-nous pas même dans l'Ancien Testament qu'à une époque où la possession devait s'obtenir à main armée, aucune guerre ait été portée sur les terres des infidèles à cause de leur infidélité, mais soit parce qu'ils refusaient passage ou commettaient quelque offense, comme les Madianites, soit pour recouvrer des biens que la munificence de Dieu avait accordés à son peuple. Ce serait donc nous rendre bien grave-

---

[1] Saint-Thomas d'Aquin, *Somme* 2ᵉ part., 2ᵉ div., quest. 10, art. 8 ; Innoc. *dicto loco ;* Bartole, *ad li. c. de Pag.* — Covarruvias, *ad c. Peccatum.* p. 2, § 9 et 10. — Ayala, *De Jure belli,* lib. 1, c. 2, n. 28, arg.

ment coupables (*GRAVISSIME PECCARENUS*) que de prétendre propager la foi en Jésus-Christ par une telle voie ; nous ne serions point les maîtres légitimes de ces peuples , mais nous commettrions de grands larcins (*MAGNA LATROCINIA*), et serions tenus à restitution, comme querelleurs et usurpateurs injustes. Il faudrait envoyer à ces peuples des prédicateurs honnêtes gens, pour les convertir à Dieu par la parole et par l'exemple, et non pour les opprimer, les dépouiller, les scandaliser, les soumettre, et, à la manière des Pharisiens, les rendre doublement fils de l'enfer. »

C'est en cette forme que nous entendons souvent décider, en Espagne, par le conseil, et principalement par les théologiens dominicains, que les nations d'Amérique devaient être entraînées à la foi par la seule prédication de la parole divine, et non par la guerre, et que la liberté qui leur aurait été enlevée par ce motif doit leur être rendue, ce qu'approuvèrent le pape Paul III et l'empereur Charles-Quint, roi des Espagnes. Oublions-nous déjà que, dans la plupart des pays où ils ont pénétré, les Portugais n'ont fait faire aucun progrès à la religion, et n'y donnent même aucun soin, tout occupés qu'ils sont de leurs bénéfices pécuniaires ? Là aussi (c'est une vérité écrite par un Espagnol lui-même sur ses compatriotes d'Amérique) l'on ne remarque ni merveilles, ni signes, ni exemples d'une vie religieuse, qui puissent porter d'autres hommes à adopter les mêmes croyances, mais, au contraire, beaucoup de scandales, de crimes et d'impiétés.

Ainsi, puisqu'ici manquent la possession et tout titre à l'obtenir, puisque d'ailleurs les biens et les richesses des Indiens ne peuvent être considérés ni comme étant sans maîtres, ni (du moment qu'ils leur appartiennent) comme ayant pu être saisis par d'autres avec justice, il s'ensuit que les populations indiennes dont nous parlons ne sont nullement échues en propriété aux Portugais, mais qu'elles sont libres et jouissent du plein exercice de leurs droits. C'est, au surplus, ce que ne révoquent point en doute les docteurs espagnols eux-mêmes. (Victoria, *in fine part. 2, 1 relect. de Indis.*)

CHAPITRE V.

La mer de l'Inde ou le droit d'y naviguer n'est pas le propre des Portugais
à titre d'occupation.

Si donc les Portugais n'ont acquis aucun droit sur les peuples,
e territoire et les richesses de l'Inde, voyons s'ils ont pu soumettre à leur domination exclusive la mer et la navigation, ou
e commerce maritime.

Considérons d'abord, en ce qui est de la mer, que puisqu'elle
a été indifféremment appelée chose sans maître, ou chose commune, ou chose publique selon le droit des gens, on expliquera
convenablement le sens de ces expressions si, en se reportant
à tous les poëtes depuis Hésiode, ainsi qu'aux philosophes et
jurisconsultes anciens, on a soin de distinguer, comme eux, dans
la succession des temps, certaines époques qui, bien que séparées
par un court intervalle peut-être, n'en diffèrent pas moins entre
elles d'une manière certaine, essentielle, et par leur propre nature. Et l'on ne doit point assurément nous imputer à tort que,
dans l'explication d'un droit dérivant de la nature, nous nous
servions de l'autorité et des paroles de ceux dont le jugement
naturel a été le plus estimé.

Il faut donc savoir qu'au commencement de l'existence des
hommes, la propriété, *domimium*, et la communauté, *communio*,
furent autres qu'elles ne sont aujourd'hui[1]. Car aujourd'hui *dominium* signifie quelque chose de propre, c'est-à-dire, qui est
tellement à quelqu'un, qu'il ne puisse être à un autre de la
même manière. Nous appelons, au contraire, *commune*, la chose
dont la propriété est transportée ou repose à la fois sur plusieurs
par quelque consort ou accord mutuel. Or, la pauvreté des
langues a contraint d'appliquer les mêmes expressions à un état
de choses fort différent. Ainsi ces mots de notre langage actuel
se rapportent à l'ancien droit par quelque image et similitude.

---

[1] V. Gloss. et Castr. *in l. Ex hoc jure, et c. Jus nat., dist.* 1.

Alors, par chose commune on n'entendait que celle qui est simplement opposée à chose propre; et quant à la propriété, *dominium*, c'était la faculté d'user sans injustice de la chose commune, usage que les scolastiques[1] ont cru devoir appeler de fait et non de droit, parce que le nom d'usage se donne, dans le droit actuel, à quelque chose de vraiment propre, ou, pour me servir de leurs expressions, se dit de la jouissance d'un objet privativement à autrui.

Selon le droit des gens primitif, quelquefois appelé droit naturel, et que les poëtes nous dépeignent tantôt comme l'âge d'or, tantôt comme le règne de Saturne et de la justice, rien ne fut propre à personne, ce qui a fait dire à Cicéron : « Nulles choses ne sont propres par l'affectation de la nature, » et à Horace, Satire 2 du livre second :

> ....Nature, notre mère;
> Ne fit ni lui, ni moi, seigneur de cette terre.

La nature, en effet, n'a pu établir de propriétaires distincts ; et c'est en ce sens que nous disons que toutes les choses furent communes dans les premiers temps du monde, reproduisant par là le témoignage des poëtes qui disent que les premiers hommes obtinrent tout en commun, et que la justice maintenait cette communauté par une inviolable alliance entre eux; ce qu'ils expliquent plus clairement en niant qu'alors les champs aient été séparés par des limites, ou qu'il y ait eu aucun commerce :

> Les sillons répandus, mêlés dans la campagne,
> *Paraissaient* aux mortels tout *fournir en commun.*
>
> (AVIENUS *in Arato.*)

Et ce mot *paraissaient (videri)* est ajouté fort justement, à raison, nous l'avons dit, du changement d'acception des termes. Cette communauté ou communion, en effet, se rapportait exclusivement à l'usage :

> A tous furent ouverts et libres les chemins,
> Et *l'usage* de tout fut *commun* aux humains.
>
> (SÉNÈQUE, *Octavie.*)

Par cette raison, il y avait bien aussi une sorte de domaine, mais

[1] V. Vasquez, *Controv. usu frequ.,* c. 1, num. 10; c. *Exiit qui seminat.; De verb. sign. in 6 clem. exivi de paradiso de verb. sign.*

universel et indéfini ; car Dieu n'avait point donné toutes choses à celui-ci ou à celui-là, mais au genre humain ; et en ce sens rien n'empêchait que plusieurs fussent à la fois, et pour ainsi dire en masse, les maîtres d'une même chose. Que si nous entendions le *domaine* d'alors selon la signification actuelle du mot *dominium*, ce serait contre toute raison ; car ce mot implique l'idée de la propriété, qui alors n'était au pouvoir de personne.

On a dit toutefois avec beaucoup de justesse que toutes choses étaient à celui qui se les appropriait par l'usage, ou au premier occupant :

> ....Omnia rerum
> Usurpantis erant. (AVIENUS.)

Car ce n'est point tout d'un élan, mais peu à peu, et en suivant graduellement les indications de la nature, que l'on en est venu à la distinction des propriétés telle qu'elle existe aujourd'hui. Ainsi, puisqu'il y a certaines choses dont l'usage consiste dans l'abus que l'on en fait, ou, en autres termes, dans leur consommation, soit que, converties en subsistance pour celui qui en use, elles ne puissent plus admettre l'usage d'un autre, soit qu'elles se détériorent à l'usage, aussitôt il est devenu évident, pour les premières, telles que les mets et le breuvage, qu'une certaine sorte de propriété ne pouvait être séparée de leur usage (*ff. De usuf. ear. rer. quæ usu cons. Extrav. de verb. sig. ad conditorem, et quia quorumdam.* Thom. 2ᵉ p., 2ᵉ div., 78). C'est, en effet, être le propre de quelqu'un que d'être à lui de manière à ne pouvoir pas être à un autre ; ce qui fut ensuite étendu aux choses de la seconde catégorie, telles que les vêtements et les autres objets mobiliers ou susceptibles de se mouvoir d'eux-mêmes d'une façon quelconque.

Cela étant, les choses immobilières elles-mêmes, telles que les champs, ne purent rester dans l'indivision ; car, bien que leur usage ne consiste pas simplement en abus, c'est-à-dire en consommation définitive, cet usage néanmoins est toujours cause de quelque abus. Ainsi, par exemple, les champs et les arbres entraînent la consommation alimentaire, les pâturages donnent aux troupeaux la matière de nos vêtements ; et ils ne peuvent suffire en commun aux usages de tous.

La propriété ainsi introduite, il lui fut assigné une loi qui suivît et imitât la marche de la nature. Ainsi, comme dans le principe l'usage consistait dans l'application corporelle des

choses, d'où nous avons dit que dériva d'abord la propriété, de
même il a paru bon que, par une semblable application, les
choses appropriées à l'usage de chacun finissent par être à lui
complétement. C'est ce qu'on appelle *occupation*, en appliquant
ce mot à des choses qui, dans l'origine, avaient été mises en
commun au milieu des hommes; à quoi Sénèque, dans sa tragédie de Thyeste, fait allusion en ces termes :

> ..... in medio est scelus
> Positum occupanti.
> Le crime, qui d'abord s'offre en commun aux hommes,
> Appartient sans retard au premier occupant.

Et Sénèque le philosophe : « Il y a au théâtre quatorze degrés
réservés en commun à tous les chevaliers romains ; cependant,
que la place que j'y ai occupée le premier me demeure propre. »
(*Des bienfaits*, liv. VII, ch. 12.) De même Quintilien dit que
ce qui naît pour tous devient le propre de l'industrie (*Decl. 13*)
et Cicéron, que ceux qui vinrent autrefois au milieu de biens
vacants se les sont complétement appropriés par une occupation de longue date. (*Des devoirs*, liv. Ier.)

L'occupation doit être perpétuelle à l'égard de certaines choses
qui résistent à la possession, telles que les animaux sauvages ;
tandis que, pour d'autres objets, il suffit de retenir d'esprit la
possession une fois prise corporellement. En ce qui est des
meubles, elle a lieu par préhension ; en ce qui est des immeubles,
elle résulte de quelque construction ou délimitation ; d'où
Hermogène, lorsqu'il parle de la distinction des propriétés,
ajoute que les biens de campagne se distinguent les uns des
autres par l'abornement et la construction des édifices. (*L. ex
hoc jure ff. de justicia et jure.*) Cet état de choses est indiqué par
les poëtes :

> Alors la glu trompeuse et les adroits filets
> Livrèrent aux humains les hôtes des forêts;
> Pour la première fois des maisons s'élevèrent.....
>
> (VIRGILE, *Georg.*, liv. Ier.)

> Et, commun autrefois comme l'air et le jour,
> Le sol, délimité, devint propre à son tour
> Au colon prévoyant.....
>
> (OVIDE, *Métamorph.*)

Les poëtes, ainsi que le remarque Hermogène, célèbrent ensuite le commerce, au moyen duquel

De hardis nautoniers, se riant des tempêtes,
Sur des flots inconnus portèrent leurs conquêtes.....
(OVIDE.)

Alors commencèrent à être instituées les républiques; et l'on distingua en deux sortes les choses déjà séparées de la communion universelle des hommes : les unes furent publiques, c'est-à-dire propres au peuple (car telle est la signification naturelle du mot); les autres furent privées, c'est-à-dire propres aux particuliers. Au surplus, publique ou privée, l'occupation procède de même sorte. Sénèque dit : « Nous appelons frontières des Athéniens ou des Campaniens celles que les peuples voisins distinguent entre eux par une délimitation privée. » (*Des bienfaits*, liv. VII, ch. 4.) Chaque peuple, en effet,

Pour se faire un royaume assigna ses frontières,
Et fonda sur le sol des villes régulières.
(SÉNÈQUE, *Octavie*.)

« C'est ainsi, ajoute Cicéron dans le premier livre des Devoirs, que l'on dit que le territoire d'Arpinum appartient aux Arpinates, et celui de Tusculum aux Tusculans; de là encore les limites qui circonscrivent les propriétés particulières. Devenu ainsi maître d'une partie des biens que la nature avait mis en commun, chacun doit conserver son lot. » Par opposition, Thucydide (liv. Ier) appelle ἀόριστον, c'est-à-dire indéfini, indéterminé, sans limite de circonscription, tel territoire qui, dans le partage, n'échut à aucun peuple.

Il y a deux conséquences à tirer de ce qui a été dit jusqu'ici : la première, c'est que les choses qui ne peuvent être ou qui n'ont jamais été occupées ne peuvent être le propre de personne, puisque toute propriété a commencé par l'occupation; la seconde, c'est que toutes les choses qui ont été disposées par la nature de telle sorte, qu'en servant à l'un elles n'en suffisent pas moins à l'usage commun de tous autres, sont aujourd'hui et doivent perpétuellement demeurer dans les mêmes conditions où la nature nous les a livrées dès le principe. C'est ce qu'a voulu exprimer Cicéron : « Il est clair, dit-il, qu'il existe pour les hommes, et entre tous les hommes, une société dans laquelle doit être conservée la communauté de toutes les choses que la nature a créées pour l'usage commun. » (*Des devoirs*, liv. Ier.) Or les choses de cette espèce sont toutes celles dont chacun

peut tirer avantage sans détriment pour autrui; ce qui fait dire
encore à Cicéron : « Ne privez personne de l'eau qui court. »
L'eau courante, en effet, considérée seulement en cette qualité
et non comme fleuve, est citée parmi les choses communes à
tous par les jurisconsultes et par le poëte :

> Osez vous bien encore interdire les eaux ?
> Mais l'usage des eaux est commun ; la nature
> N'a certes point soumis à des maîtres nouveaux
> Ni le soleil, ni l'air, ni l'onde qui murmure ;
> Ce sont des dons publics que le ciel nous a faits.....
>
> (OVIDE, *Métamorph.*, liv. VI.)

Ovide dit ici que ces choses n'ont point été données en propre
par la nature, comme Ulpien a dit (*L. venditor ff. com. præd.*)
qu'elles sont ouvertes à tous, tant parce que la nature les a livrées dès le principe et qu'elles ne sont pourtant venues encore
en la propriété de personne, selon les paroles de Nératius [1],
que parce qu'elles semblent créées par la nature pour l'usage
commun, ainsi que l'a dit Cicéron. Le poëte ajoute qu'elles sont
publiques, en se servant ainsi d'une expression transposée ou
détournée de son sens rigoureux, non qu'il veuille dire qu'elles
appartiennent à aucun peuple, mais bien à la société humaine,
publiques comme peut le dire et l'entendre le droit des gens,
c'est-à-dire communes à tous et n'étant le propre de personne.
Tel est, par une double raison, l'air qui nous environne; et
parce qu'il ne peut être occupé, et parce qu'il se prête en
commun à l'usage de tous. Pour les mêmes raisons, l'élément
des mers est commun à tous, trop immense pour être possédé
par personne, et disposé d'ailleurs merveilleusement pour l'usage
de tous, qu'on le considère soit au point de vue de la navigation, soit même à celui de la pêche. Or le droit qui régit la
mer régit aussi les choses qu'elle s'est appropriées en les enlevant
à d'autres usages; tels sont les sables ou grèves de la mer, dont
la partie continuement jointe à la terre forme ce que l'on
appelle le rivage (*L. Arist. de rerum divisione*). Cicéron, au
livre déjà cité, a donc bien raison de dire : « Quoi de plus commun que la mer aux navigateurs et le rivage à ceux qui y sont
jetés? » Virgile dit aussi que l'air, la mer, le rivage sont ouverts
à tout le monde.

---

[1] *L. quod in littore ff. De acquir. rer. dominio.* — V. *Comi, comm. civ.*, lib. III,
c. 2, — *Donellum* (Doneau), lib. IV, c. 2. — *L. ult. De usucap.*

Ces choses sont donc de celles que les jurisconsultes romains appellent communes à tous en vertu du droit naturel, ou ce que nous avons dit être la même chose, publiques selon le droit des gens; aussi appellent-ils leur usage tantôt commun et tantôt public (*Instit. de rer, div. § et quidem naturali; § littorum ff. de rer. div.; l. 1 et 2, et L. Aristo., cod. titulo; L. quod in littore; L. quamvis, de acq. rer. dom.; L. si quis me, de Injur; L. littora. Ne quid in loc. pub. cum L. seq.*). Mais, quoiqu'on dise avec raison qu'elles ne sont à personne à titre de propriété, encore diffèrent-elles beaucoup d'un autre ordre de choses qui, n'étant non plus à personne, n'ont pas été attribuées à l'usage commun, telles que les bêtes fauves, les poissons, les oiseaux. Car, si quelqu'un s'empare de ces dernières, elles peuvent devenir sa propriété, tandis que les premières sont, du consentement de l'humanité entière, exceptées à tout jamais du droit de propriété pour n'être susceptibles que d'usage; et cet usage étant le droit de tous ne peut pas plus être arraché à tous par un seul que ce qui m'appartient ne peut m'être enlevé par vous. C'est pour cela que Cicéron regarde comme un des premiers bienfaits de la justice d'assurer en commun l'usage des choses communes. Les scolastiques diraient que des deux ordres de choses dont nous venons de parler, les unes sont communes absolument, et les autres à un point de vue particulier (*affirmative* et *privative*). Cette distinction est non-seulement usitée en jurisprudence, elle exprime aussi l'aveu et le sentiment populaires. Dans Athénée[1], l'hôte dit que la mer est commune, mais que les poissons échoient en propre à ceux qui les prennent; et dans la comédie de Plaute intitulée *Rudens*, quand l'esclave dit : « La mer est bien certainement commune à tous, » le pêcheur est de cet avis; mais quand il ajoute : « Donc ce qui est trouvé dans la mer est également commun, » le pêcheur réplique avec raison : « C'est à moi, c'est à bien meilleur titre à moi, qu'appartient le produit de mes hameçons et de mes filets. »

La mer ne peut donc absolument devenir le propre de qui

---

[1] Il s'agit ici de l'admirable livre du Banquet des savants, *déipnosophistes*, d'Athénée le grammairien, dont Isaac Casaubon a donné une traduction latine. Un des grands avantages à retirer de la lecture de Grotius et des savants de son époque, est de se reporter comme malgré soi aux plus riches sources de l'histoire, de la philosophie, de la poésie et de l'éloquence. (*Note du traducteur.*)

que ce soit, parce que la nature ne se borne point à permettre, mais ordonne qu'elle soit commune, et bien plus, il en est de même du rivage (V. Doneau, liv. IV, c. 2); sous réserve toutefois de l'interprétation suivante : que si une partie de ces choses est, de sa nature, susceptible d'occupation, elle devienne le propre de l'occupant autant que l'usage commun n'aura point à en souffrir. C'est ce qu'on admet avec raison; car cette condition accomplie fait cesser le double obstacle qui s'oppose, comme nous l'avons dit plus haut, à la possession privée. (*Institut., De rer. div. § littora; L. Riparum; S 1, ff. De rerum div.; L. Fluminum, ff. De damno inf.*)

Les constructions étant une espèce particulière d'occupation, il est donc permis de construire sur le rivage si on peut le faire sans gêner autrui, comme le dit Pomponius (*L. quamvis. De acq. rer. dom.; L. in littore. Ne quid in loco publico; L. Aristo. De rer. div.; L. quod in littore. De acq. rer. dominio*), ou, en autres termes, d'après l'explication de Scævola, si l'usage public, c'est-à-dire commun, n'en est aucunement entravé. Et celui qui aura construit deviendra propriétaire du sol, parce que ce sol, n'étant d'ailleurs ni le propre de personne, ni nécessaire à l'usage commun, échoit à celui qui l'occupe, mais pour la durée seulement de l'occupation; par le motif que la mer semble répugner à la possession, et qu'il en est d'elle comme d'un animal sauvage qui, s'il recouvre sa liberté, n'appartient plus à celui qui l'avait pris. Et c'est de même sorte que le rivage peut être reconquis par la mer[1].

[1] Nous ne pouvons trop recommander la méditation de cet alinéa et des suivants à tous ceux qui ont à apprécier le droit des concessionnaires de quelque partie des rivages de la mer. Les principes généraux ici posés sont d'une application directe en cette matière, soit de la part des tribunaux, soit de la part de l'administration, tant active que judiciaire. Ainsi, par exemple, que le concessionnaire d'une grève ou grave à Saint-Pierre de Terre-Neuve prétende interdire l'accès du rivage soit par mer, soit par terre, pour tous ou quelques usages, communs et nécessaires, des navigateurs ou des habitants; qu'il barricade en conséquence ou intercepte le passage, se fondant, d'une part, sur les inconvénients qu'il lui cause, de l'autre, sur son titre qui lui concède la grève jusqu'au plein de mars, ou même jusqu'aux basses mers d'équinoxe; ce concessionnaire devra être débouté d'une aussi exorbitante et ridicule prétention. Si tous les concessionnaires l'imitaient et obtenaient gain de cause, le barachois de Saint-Pierre deviendrait inabordable par mer et par terre; et de ce dernier côté il pourrait même être clos, sans un sentier pour y descendre. Cette observation ne s'applique point, bien évidemment, aux graves situées à quelque distance du rivage. (*Note du traducteur.*)

Or nous avons démontré que tout ce qui pouvait devenir propriété privée, par suite d'occupation, n'était pas moins susceptible de devenir propriété publique, c'est-à-dire celle d'un peuple exclusivement. (V. Doneau, liv. IV, c. 2, et les lois précitées). C'est ainsi que, de l'opinion de Celse, le rivage qui se trouve compris dans les frontières de l'empire romain appartient au peuple romain. Il n'y a donc pas lieu de s'étonner que ce même peuple ait pu concéder à ses sujets, par l'intermédiaire du prince ou du préteur, tel ou tel mode d'occupation du littoral. Au reste, cette occupation elle-même ne doit pas être considérée comme moins restreinte que si elle était privée, en sorte qu'elle ne doit s'étendre que jusqu'à la limite et sous réserve de l'usage commun en vertu du droit des gens. Personne donc ne peut éprouver, de la part du peuple romain, obstacle à son accès au littoral de la mer, à y sécher ses filets, à y faire telles autres choses qu'une fois pour toutes tous les hommes ont voulu leur être licites [1].

Il y a toutefois cette différence entre la nature de la mer et celle du rivage, que la mer ne se prête point facilement à des constructions et à des clôtures, si ce n'est dans de fort petits espaces, et que le contraire ne saurait guère avoir lieu sans qu'il en résultât quelque entrave à son usage commun. Si toutefois une petite partie est susceptible d'être occupée de la sorte, elle est concédée à l'occupant. C'est donc par hyperbole qu'Horace se plaint de ce que

> Les poissons ont senti se resserrer les ondes
> Entre les murs jetés au sein des mers profondes.
> (Livre III, ode 1re, strophe 9.)

Celse dit, en effet, que les digues fondées à la mer appartiennent à celui qui les y a jetées (d. *L. littora.*). Mais, en aucune façon, de telles concessions ne peuvent être faites si l'usage de la mer doit en devenir plus incommode. Ulpien ajoute que celui qui a jeté une digue dans la mer ne doit être protégé dans sa possession que si son ouvrage ne porte préjudice à personne (*L.* 2. *Ne quid in loco publico,* $ *adversus*) ; qu'autrement on aurait contre lui l'interdit *Ne quid in loco publico fiat,* c'est-à-dire celui que donne toute infraction à la défense de faire des

---

[1] Voir la note précédente.

travaux dans un lieu public ; comme de son côté Labéon décide qu'on aurait, contre celui qui fonderait à la mer des travaux nuisibles à autrui, l'interdit *Ne quid in mari quo portus, statio iterve navigiis deterior sit, fiat*, c'est-à-dire l'interdit que donne toute infraction à la défense de faire dans la mer aucuns travaux qui endommagent le port, gênent ou entravent le mouillage ou le passage des navires. (*L. 1, § Si in mare, ff. De fluminibus.*)

En ce qui est de la pêche, il y a même motif que pour la navigation d'en maintenir le libre exercice ; et toutefois ne sera point en faute celui qui, au moyen d'un canal et d'un entourage de piquets, aura disposé un lieu déterminé pour sa pêche, et se sera ainsi constitué en propre ce même lieu, comme Lucullus qui, en coupant une montagne auprès de Naples, conduisit la mer jusqu'à sa campagne. (Pline, liv. X, c. LIV). Tels furent aussi, je le pense, ces réservoirs marins (*piscinæ maritimæ*) dont Varron et Columelle nous ont transmis le souvenir ; et Martial n'a pas eu autre chose en vue, quand il dit d'Apollinaris aux rivages de Formie :

> Éole peut au loin troubler la mer profonde ;
> Il rit de ce courroux et n'en souffrira pas,
> Ayant dans son vivier la ressource féconde
> Des délices d'un bon repas.
>
> (Livre X, épigr. 30.)

Enfin, de son côté, saint Ambroise s'écrie : « Tu conduis la mer au sein de tes héritages, de peur d'être privé des animaux qu'elle renferme. » (*De Nabuch., cap. 3.*)

On peut reconnaître, par ce qui précède, quelle a été l'intention de Paul, lorsqu'il a dit : « Si quelqu'un s'est acquis un droit de propriété sur la mer, il a contre tous autres l'action appelée *interdictum uti possidetis* (*L. Sanè si maris, ff. De injuriis*). Cet interdit, en effet, s'applique seulement aux intérêts privés et non point aux intérêts publics (dans lesquels sont aussi compris ceux que nous pouvons exercer en vertu du droit commun des gens) ; et déjà il ne s'agit plus, en ce cas, que d'obtenir la jouissance d'un droit qui, dérivant d'une cause privée, ne comporte qu'un intérêt privé, et non point public ou commun. En effet, au témoignage de Marcien (*L. Nemo igitur, ff. De rerum div.*), tout ce qui est occupé ou a pu être occupé n'est déjà plus du droit des gens, auquel appartient la mer. Si, par exemple,

quelqu'un empêche Lucullus ou Apollinaris de pêcher dans un
réservoir privé par lui détourné de la mer et enclos, on doit
accorder à l'offensé, au sentiment de Paul, l'interdit *uti possidetis*, et non pas seulement une action en réparation contre l'offenseur, comme s'agissant ici d'entraves apportées à une possession
privée (*L. si quisquam de divers., et temp. præscr.*). Bien plus, il
en est d'un détour de la mer comme d'un détour de rivière [1].
Si j'ai occupé le lieu où je l'ai conduite, si j'y ai pêché, et surtout si, durant plusieurs années, j'ai fait preuve continue de
mon intention de la posséder en propre, je pourrai, selon ce
qu'enseigne Marcien, m'opposer à ce que tout autre jouisse du
même droit, absolument comme s'il s'agissait d'un lac qui fût
ma propriété. Et cela est vrai tant que dure l'occupation, comme
nous l'avons dit ci-dessus pour le rivage; mais, en dehors de ce
canal, il n'en sera plus de même, de crainte que l'usage commun de la mer n'en reçoive quelque entrave (*L. Præscriptio, ff.
De usucap.*). On a vu, il est vrai, usurper la faculté d'interdire
la pêche devant des édifices particuliers ou des maisons de campagne; mais c'était sans en avoir le droit; aussi Ulpien dit-il
que celui qui est empêché peut, en méprisant cette usurpation,
agir contre l'usurpateur en dommages et intérêts (*L. Injuriarum,
§ ultim., ff. De injuriis, et d. L. Si quis me*). L'empereur Léon (dont
les lois ne sont point chez nous en usage) a changé cet ordre de
choses contrairement à la raison du droit, et a voulu que les
πρόθυρα, c'est-à-dire les abords et en quelque sorte les vestibules ou seuils de la mer appartinssent à ceux qui en habiteraient
les rives, et qu'ils eussent seuls le droit d'y pêcher, à condition,
toutefois, d'occuper le lieu par certains travaux d'endiguage que
les Grecs appellent ἐποχάς, et dans la pensée que personne ne
porterait envie à une si petite portion de la mer, étant admis à
y exercer la pêche dans tout le reste de son immense étendue.
(*Novella Leonis,* 102, 103, 104. V. Cujas, 14, obs. 1.)

Certes au moins celui qui, le pouvant, enlèverait une partie
considérable de la mer à l'utilité publique, commettrait un acte
d'improbité intolérable, contre laquelle un saint personnage
s'est élevé avec raison. « Les grands de la terre, dit saint Am-

---

[1] Ce mot *détour de rivière,* employé par Barbeyrac dans la traduction du
Droit de la paix et de la guerre, ne rend peut-être pas exactement l'expression
diverticulum ; et nous préférerions les mots *dérivation, prise d'eau, canal*, etc.
(*Note du traducteur.*)

broise (liv. V, *Hex.*, c. x.), s'attribuent les espaces des mers par droit de sujétion, et regardent le droit de pêche comme une servitude, placée dans la même condition que toute autre dépendance domestique. Tel golfe est à moi, dit celui-ci, et celui-là, tel autre. Ils se partagent ainsi les éléments. »

La mer est donc au nombre des choses qui ne sont point dans le commerce, c'est-à-dire qui ne peuvent devenir propriétés privées (Doneau, liv. I. ch. vi.); d'où il suit qu'à bien dire, aucune partie de la mer ne peut être comprise dans le territoire d'un peuple. C'est ce que me semble avoir pensé Placentinus, lorsqu'il a dit. « La mer est à tel point commune, qu'elle n'est sous la domination de personne que de Dieu seul, » et Jean Fabre, lorsqu'il affirme « que la mer est restée libre, et doit demeurer régie par le droit primitif, en vertu duquel toutes choses étaient communes. » (J. Fabr., § *Littorum, Instit. de rer. div.; DD. ad L. Rhodiam, ff.*) Autrement, il n'y aurait aucune différence entre les choses communes et les choses proprement appelées publiques, par exemple, entre la mer et un fleuve. Tel peuple cependant n'a pu occuper la mer et a pu occuper un fleuve, comme renfermé en dedans de ses frontières; les territoires se constituant et se nationalisant par l'occupation des peuples, comme les domaines se forment par l'occupation des particuliers. Celse l'a jugé ainsi (*L. littora. Ne quid in loco pub.*), en distinguant assez clairement entre le littoral que le peuple romain a pu occuper, pourvu qu'il ne portât point préjudice à l'usage commun, et la mer qui a conservé sa primitive nature. Aucune loi n'a introduit de variation à cet égard. Celles qu'invoquent nos adversaires sont relatives, soit aux îles, qui bien évidemment peuvent être occupées, soit à un port, qui n'est point une chose commune, mais bien véritablement publique. (*L. Insulæ, ff. De jadiciis; L. Cæsar, ff. De public.; Gloss. in L. quædam, de rer. div., et in L. Littora, et in § 1, Instit. de rer. div.; Bal. in L. quædam.*)

Quant à ceux qui disent que telle mer appartient au peuple romain, ils interprètent eux-mêmes leur opinion en ce sens que ce droit sur la mer ne s'étend pas plus loin qu'à la protection et à la juridiction, ce qu'ils ont soin de distinguer de la propriété. Peut-être même n'ont-ils pas assez fait attention que, si le peuple romain a pu armer militairement des flottes et punir les pirates saisis sur mer, ce n'est point en vertu de son propre et privé droit, mais en vertu du droit qu'ont aussi sur la mer les autres peuples libres. Nous reconnaissons toutefois que certaines nations ont pu convenir entre elles que les pirates saisis dans telle ou telle partie de la mer seraient justiciables de telle ou telle république, et que, pour faciliter l'exercice de cette convention, des limites de juridiction distinctes ont pu être assignées sur la mer; mais cette loi, qui oblige entre eux les peuples qui l'ont faite, ne lie point également les autres, ne conquiert point la propriété des lieux, et constitue seulement un droit personnel entre les contractants [1]. Cette distinction, qui est conforme à la raison naturelle, est aussi confirmée par une réponse d'Ulpien, qui, interrogé si le maître de possessions maritimes pouvait imposer une servitude à l'une d'elles en la vendant, par exemple y interdire la pêche en tel ou tel lieu de la mer, répondit que la chose elle-même, c'est-à-dire la mer, n'avait pu être affectée d'aucune servitude, étant ouverte à tous par sa nature, mais que, la bonne foi du contrat voulant que la condition de la vente fût respectée, les nouveaux maîtres, ainsi que leurs successeurs, se trouvaient personnellement obligés à son observation. Le jurisconsulte, il est vrai, se prononçait au sujet de biens particuliers et au point de vue du droit privé; mais il y a même raison de décider à l'égard des territoires des peuples et au point de vue du droit public, les peuples étant considérés comme de simples particuliers vis-à-vis de l'humanité entière. Pareillement, les revenus établis sur les pêches maritimes, et censés compris au nombre des droits de Régale, n'obligent assurément ni la mer ni la pêche en elles-mêmes, mais uniquement les personnes. (*C. quæ sint Regalia, in Feudis.*) Les sujets à qui l'État ou le prince a le droit de dicter des lois peuvent accidentellement être contraints à supporter de telles charges; mais le droit de pêche doit en être exempt pour tous autres, afin de ne point imposer à la mer une servitude dont elle ne peut être susceptible. Il n'en est pas effectivement de la mer comme d'un fleuve; celui-ci appartenant au peuple, le droit d'y pêcher peut être concédé ou loué par le prince ou par le peuple, en telle façon que celui qui l'a obtenu peut, de l'avis des anciens, exercer l'interdit *de loco publico fruendo*, sous cette condition que celui qui avait pouvoir de

---

[1] Bal. *in c. in princ. in 2 col. quib. mod. feud. amitt.*; adde *L. Unit. C. de class.*, et Ang. *in l. sanc.*, *ff. De injuriis*; *L. Venditor fundi.*; *Com. præd.*; adde *L. Caveri, eod. titulo.*

louer ait loué le droit d'usage exclusif, condition qui, à l'égard
de la mer, ne peut pas être accomplie. Ceux enfin qui rangent
la pêche elle-même parmi les droits de régale n'ont point
assez examiné le passage qu'ils avaient à commenter, lequel
n'est resté obscur ni pour Isernia ni pour Alvorus. (Balbe, *De
præscr. 4. parte 5, part. prim., qu. 6, n. 4; L. Injuriarum, ff. De
loco pub. fruendo,* etc.)

Il est donc démontré que ni un particulier, ni un peuple
quelconque, ne peut rien s'attribuer en propre sur la mer elle-
même (à l'exception, comme nous l'avons dit, des canaux ou
réservoirs), puisque ni la nature ni la raison d'utilité publique
ne le permet.

Nous avons élevé toute cette discussion, poursuivi tous ces
raisonnements, afin qu'il fût bien reconnu que les Portugais
n'ont pu soumettre à leur domination exclusive la mer par laquelle on se rend aux Indes; car les deux raisons qui font obstacle à ce que la mer tombe en propriété à quelqu'un sont infiniment plus puissantes dans cette cause qu'en toutes autres.
Ce qui paraît seulement difficile dans les autres cas devient absolument impossible en celui-ci; ce qu'ailleurs nous trouvons
injuste serait ici souverainement barbare et inhumain. Il ne
s'agit point, en effet, d'une mer intérieure, partout entourée de
rivages peu écartés et n'ayant guère plus de largeur qu'un fleuve,
de cette mer qu'avaient toutefois en vue les jurisconsultes romains, lorsque, par leurs sentences, ils condamnaient si noble-
ment l'avarice privée; il s'agit de l'Océan, que l'antiquité appelle
immense, infini, père de toutes choses, et sans autres bornes
que le ciel, de l'Océan duquel les anciens ont cru que non seulement les sources, les fleuves et les autres mers se nourrissent,
mais aussi les nuées, et en quelque sorte les astres mêmes; il
s'agit de cet Océan qui, de ses flots tumultueux entourant de
partout la terre, cette étroite demeure du genre humain, ne
peut être ni contenu ni renfermé, et possède plus véritablement
qu'il n'est possédé lui-même. Et, dans cet Océan, la contestation
ne porte pas sur tel golfe, tel détroit, ni même sur tel espace
de mers qu'on peut apercevoir du rivage : les Portugais récla-
ment toute l'étendue de mers qui séparent deux mondes, si éloignés l'un de l'autre, que, durant des siècles, ils n'ont pu se
transmettre leur mutuelle renommée; et si les Espagnols, qui
ont le même intérêt dans cette cause, y sont admis en partage,

peu s'en faudra que l'Océan tout entier se trouve ainsi assujetti à deux peuples, et que les autres se trouvent confinés aux extrémités du Nord. Combien donc la nature se sera trompée, si, en répandant autour de nous tous cet élément, elle a cru qu'il suffirait aussi à l'usage de tous! Si quelque peuple, tout en admettant l'usage commun d'une mer si vaste, prétendait s'en réserver la souveraineté et l'empire, il serait regardé comme bien avide d'une domination immodérée; et celui qui interdirait à d'autres l'exercice de la pêche ne saurait fuir la renommée d'une cupidité bien folle. Que dirons-nous donc de celui qui empêche jusqu'à la navigation, qui ne lui enlève absolument rien!....

Si quelqu'un m'empêche de prendre du feu à son foyer, de la lumière à son flambeau, je l'accuserais de violer la loi de toute société humaine,

> Parce qu'en allumant le mien,
> Son feu n'est pas moins vif, et le chauffe aussi bien.
>
> (Ennius.)

Que ne communique-t-il donc à autrui, lorsqu'il le peut sans préjudice pour lui-même, ces choses dont la participation est utile à celui qui la reçoit et point à charge à celui qui la donne? (Cicéron, *Des devoirs*, liv. Ier). Ce sont là de ces services que les philosophes veulent qu'on rende, non-seulement aux étrangers, mais encore aux ingrats (Sénèque, livre III, ch. xxviii). Or ce qui, dans les relations de la vie privée, est regardé comme l'effet d'une basse jalousie, ne peut manquer, dans les relations de peuple à peuple, d'être justement taxé de cruauté. C'est, en effet, tout ce qu'il y a de plus cruel que de retenir ainsi exclusivement ce qui, par l'institution de la nature et du consentement unanime de tous les peuples, n'est pas plus à vous qu'à tout autre, et de n'en pas même accorder l'usage qui, pour être exercé par moi, n'en serait pas moins à vous, comme auparavant, dans toute sa plénitude.

Au moins, ceux qui se montrent durs envers les étrangers, et qui interceptent l'usage des choses communes, s'appuient sur quelque possession certaine; et, tout injuste que soit cette détention, elle emporte avec elle une ombre de propriété, puisque c'est, avons-nous dit, de l'occupation que la propriété dérive. Mais les Portugais ont-ils donc entouré cette mer de barrières, comme nous entourons nos champs, et de manière à pouvoir en exclure ceux qu'ils voudraient? Ou bien, au contraire, s'en faut-il à tel point que, tandis qu'ils se partagent le monde au préjudice des autres peuples, ils ne puissent invoquer de limites posées, soit par la nature, soit de main d'homme, mais se prévalent seulement de lignes imaginaires dans l'espace? En vérité, si de telles déterminations suffisent pour assurer la possession, autant dire que les géomètres nous ont ravi la terre, que les astronomes nous ont dérobé l'espace des cieux!... Où donc est cette appréhension matérielle sans laquelle ne peut commencer aucune propriété? Rien n'est certainement plus vrai que ce qu'ont dit à cet égard les docteurs dont nous avons invoqué l'autorité (J. Fabre, § *Littorum*). La mer, étant insaisissable comme l'air, ne peut être ajoutée aux domaines d'aucun peuple. Que si les Portugais appellent *occuper* avoir navigué avant d'autres et leur avoir en quelque sorte ouvert la voie, qu'y a-t-il de plus ridicule? Car, puisqu'il n'y a aucune partie de la mer où quelqu'un ne soit entré le premier, il s'ensuivra que, depuis longtemps, toute la navigation aura été occupée par quelqu'un. Ainsi, partout nous nous excluons réciproquement. Pourquoi ceux qui ont fait le tour du globe ne diraient-ils pas avoir acquis le domaine de tout l'Océan? Mais personne n'ignore qu'un navire qui traverse la mer n'y prend pas plus de droit qu'il n'y laisse de trace. Et quant à ce dont ils prétendent tirer avantage, savoir, que personne avant eux n'aurait navigué dans cet Océan, cela n'est pas du tout véritable. Une grande partie, en effet, de la mer dont il s'agit, autour de la Mauritanie, fut autrefois parcourue; et la partie, plus éloignée, qui retourne vers l'Orient, fut illustrée par les victoires d'Alexandre le Grand jusque dans le golfe Arabique (Pline, liv. II, ch. LXIX, et liv. VI, ch. XXXI; Pomp. Méla, liv. III). Il y a aussi beaucoup de raisons de penser que les habitants de Cadix avaient jadis connu cette route. Dans le temps que Caïus César, fils d'Auguste, était à la tête des affaires dans le golfe d'Arabie, on y reconnut les traces de naufrages espagnols. Cælius Antipater rapporte aussi avoir vu lui-même certain Espagnol naviguer jusqu'en Éthiopie pour son commerce. Il en fut de même des Arabes, s'il est vrai, comme l'atteste Cornelius Nepos, qu'un certain Eudoxe, fuyant Lathyre, roi d'Alexandrie, soit sorti du golfe Arabique et parvenu jusqu'à Cadix. Il est même hors de doute que les Carthaginois, peuple si puissant et si distingué par sa marine, ne sont pas restés dans l'ignorance de ces mers, puisque Hannon qui, au temps de la plus grande puissance de Carthage, se rendit de Cadix aux confins de l'Arabie en doublant le cap de Bonne-Espérance, dont l'ancien nom paraît avoir été *Hesperion Ceras* [1], décrit toute cette route, le gisement des côtes et des îles, et déclare, en terminant, que la mer ne lui a point manqué, mais qu'il s'est arrêté faute de vivres et de munitions pour ses navires. Ensuite, les gestes de Trajan et les tables de Ptolémée font assez voir que, du temps de la grandeur de Rome, on faisait des voyages du golfe Arabique aux Indes, aux îles de l'océan Indien et jusqu'au Chersonèse d'Or, considéré par la plupart comme le Japon; que Pline (liv. VI, ch. xxiii) décrivit cette route, et que des ambassades furent envoyées de l'Inde et même de Taprobane (Ceylan) aux empereurs Auguste et Claude. Strabon (liv. II et XVII) affirme que, dès son temps, une flotte marchande d'Alexandrie s'expédia du golfe Arabique, partie la plus lointaine de l'Éthiopie et de l'Inde, ce qu'un petit nombre de navires osait alors tenter. De là, de grands profits pour le peuple romain. Pline ajoute, au chapitre précité et au xixe du livre XII, que la crainte des pirates fit placer des gens armés sur les navires, et que, chaque année, l'Inde seule enlevait à l'empire romain 500,000 sesterces, ou 1,000,000 de sesterces en y ajoutant l'Arabie et la Tartarie orientale, et que les marchandises ainsi transportées se vendaient au centuple du prix d'achat.

Ces anciens exemples prouvent assez que les Portugais n'ont pas été les premiers à parcourir cet Océan, mais qu'il était déjà connu quand ce peuple y a pénétré, et qu'il n'a jamais été abso'ment ignoré. Les Maures, en effet, les Éthiopiens, les Arabes, les Perses et les Indiens n'ont jamais pu demeurer étrangers à la connaissance de cette partie de la mer dont ils habitaient les rives. C'est donc jactance et mensonge que de s'en attribuer aujourd'hui la découverte.

Eh quoi! dira-t-on, regardez-vous comme peu de chose que les Portugais aient, les premiers, restauré une navigation interrompue depuis tant de siècles, et (ce qu'on ne saurait nier) l'aient montrée aux nations européennes, à grands frais, peines et

---

[1] *Hesperion Ceras*, corne ou cap, nom magnifiquement providentiel, dans lequel on trouve : *Oh! speres in Ceral — Hero! spes in Ceral — En Jes.-Chr.! o spera! — Heros! spera neci! — Ceras! hope Erin's. — Oh! ris, espérance*, etc. *(Note du traducteur.)*

dangers pour eux ? Quel sera l'homme assez insensé pour ne pas reconnaître tout ce qu'il doit à ce peuple qui a montré à tous ce que lui seul avait recouvré? Oui, certes, les Portugais ont mérité la même reconnaissance, la même louange et gloire immortelle dont se sont contentés les auteurs de toutes les grandes découvertes, qui ont eu moins de zèle pour leurs propres intérêts que pour l'utilité du genre humain. Que s'ils ont eu uniquement en vue leur avantage matériel, le profit qui est toujours si grand à devancer les autres peuples dans le commerce a dû largement leur suffire. On sait que le produit des premiers voyages a été de quarante fois la mise, ou même plus. Il en est résulté qu'un peuple longtemps pauvre s'est élevé soudainement aux plus grandes richesses, et a étalé un appareil de luxe auquel les nations les plus heureuses ont à peine atteint à l'apogée de leur fortune. Enfin, s'ils ne sont entrés dans cette voie qu'avec l'intention de n'y être suivis par personne, ils ne méritent aucune reconnaissance, puisqu'ils n'ont considéré que leur gain. Et peuvent-ils même appeler leur gain celui qu'ils arrachent ainsi à autrui?

Il n'est, d'ailleurs, rien moins que certain que personne ne fût allé aux Indes si les Portugais n'y eussent point pénétré. Les temps étaient arrivés, en effet, où la géographie, comme toutes les autres sciences, faisait des progrès journaliers. Les exemples, ci-dessus relatés, des expéditions anciennes eussent excité de nouvelles tentatives; et si toutes les routes n'eussent pas été ouvertes d'un seul et rapide élan, chaque découverte en amenant une autre, les vaisseaux d'Europe n'eussent pas tardé à visiter tous ces rivages; et l'on eût fait ainsi, sans les Portugais, ce qu'ils nous ont montré qu'on pouvait faire, beaucoup de peuples n'ayant pas moins qu'eux d'application au commerce et d'ardeur pour les découvertes lointaines. Les Vénitiens, qui savaient déjà beaucoup de choses sur l'Inde, se mirent bientôt à compléter leurs connaissances. L'infatigable activité des Français de la province de Bretagne, l'audace des Anglais n'eussent pas manqué à l'entreprise, et les Hollandais eux-mêmes se sont attaqués à des difficultés plus désespérantes.

Les Portugais ne peuvent donc se fonder sur aucune raison d'équité, ni même sur aucune autorité de quelque poids; car tous ceux qui veulent que la mer puisse être soumise à l'empire de quelque peuple attribuent cette domination à celui qui pos-

sède les ports les plus proches de cette mer et les rivages circon-
voisins (Gloss. *in c. ibi peric.*, § *porrò sup. verb. territorio; et in
c. licet, ff. de feriis*). Or, dans cette immense ligne de côtes,
les Portugais n'ont rien, à l'exception d'un petit nombre de
postes fortifiés, qu'ils puissent affirmer leur appartenir réelle-
ment. Enfin, celui-là même qui commanderait à l'Océan ne
pourrait cependant diminuer son usage commun, pas plus qu'autrefois le peuple romain ne put éloigner personne de son littoral, ni rien interdire à personne de ce que permettait le droit
des gens *(L. nemo igitur, ff. de rer. div.* V. Albéric Gentilis,
De jure belli, liv. Iᵉʳ, ch. xix, à la fin). Et à supposer qu'il le
puisse en quelque chose, par exemple en ce qui est de la pêche,
qui, si on le veut, épuise les races des poissons, au moins ne
le pourrait-il quant à la navigation, qui ne prend rien et ne fait
rien perdre à l'immensité des eaux.

L'argument le plus concluant dans cette question est celui
que nous avons tiré plus haut de l'opinion des docteurs, savoir :
que sur la terre même, attribuée en toute propriété, soit aux
particuliers, soit aux peuples, on ne peut interdire le passage
aux gens d'aucune nation, pourvu qu'il s'effectue sans armes, et
ne soit point à charge au peuple qui le permet, pas plus qu'on
ne peut interdire à qui que ce soit de se désaltérer dans un
fleuve. Et la raison en est qu'une même chose étant naturellement susceptible de divers usages, les peuples de la terre semblent n'avoir voulu se répartir que ceux impossibles à exercer
sans impliquer le droit de propriété, sauf à recevoir mutuellement l'un de l'autre tels autres usages dont l'exercice n'empire
pas la condition du propriétaire.

Il est donc évident pour tout le monde que celui qui empêche
un autre de naviguer n'est nullement fondé en droit. Ulpien dit
qu'il est tenu à des réparations *(L. 2, § Si quis in mari, ff. Ne
quid in loc. publ.*); et quelques auteurs ont même pensé qu'on
pourrait invoquer contre lui l'interdit *utile prohibito*. (Gloss. *ad
L. 1. Ut in flamine pub.*) Ainsi, le vœu des Hollandais s'appuie sur
le droit commun, puisque, de l'aveu de tous, chacun est libre
de naviguer sur la mer, même sans en avoir obtenu la permission d'aucun prince. Et c'est ce que les lois d'Espagne expriment
d'ailleurs fort clairement. (Bal. *in L. Item lapilli, de rer. div. ff.*
Rod. Zuarius, *in cons. 1. De usu maris.*)

4.

CHAPITRE VI.

La mer ou le droit d'y naviguer n'est pas le propre des Portugais
à titre de donation du souverain pontife.

La donation du pape Alexandre, qui, à défaut du titre de la découverte, peut être invoquée en second lieu par les Portugais, revendiquant pour eux seuls le domaine de la mer ou le droit d'y naviguer, a été suffisamment convaincue de vanité par ce qui a été dit plus haut. Une donation est, en effet, de nulle valeur à l'égard des choses placées hors du commerce des hommes. Ainsi, la mer ou le droit d'y naviguer ne pouvant être le propre d'aucun homme, il s'ensuit qu'elle n'a pu être ni donnée par le souverain pontife, ni acceptée par les Portugais. De plus, le pape n'étant pas le seigneur temporel de tout le globe, ainsi que l'établit la saine opinion des sages, on comprend de reste qu'il n'est point le maître de la mer ; mais, lui accordât-on cette souveraineté, il n'aurait pu transporter aucune part de ce droit, affecté au pontificat lui-même, sur un prince ou un peuple quelconque, pas plus que l'empereur ne pourrait convertir à son usage ou aliéner à son gré les provinces de l'empire. (Victoria, *loco citato*, n. 26.)

Au moins, puisque personne n'accorde au pape le droit de disposer des biens temporels, si ce n'est peut-être autant que le bien des intérêts spirituels l'exige, quiconque est doué d'un peu de jugement conviendra que, n'étant ici question que de la mer et du droit de navigation, auquel se rattachent seulement des intérêts d'acquisition et de lucre, mais non de piété, la puissance du pape est nulle à cet égard. N'est-ce pas aussi une conséquence de ce que les princes, c'est-à-dire les seigneurs temporels, ne peuvent eux-mêmes, en aucune manière, interdire à personne la navigation, le seul droit qu'on puisse, si on veut, leur reconnaître sur la mer, étant un droit de juridiction et de protection.

Il est, d'ailleurs, universellement reconnu que l'autorité du pape est nulle pour faire ce qui répugne à la loi naturelle (Silv., *in verb. Papa.*, n. 16). Or il est contraire à la loi naturelle que personne ait en propre la mer ou son usage, ainsi que nous l'avons suffisamment démontré. Enfin, le pape ne pouvant en rien frustrer quelqu'un de son droit, comment justifier le fait de sa donation, s'il a voulu d'un mot priver plusieurs peuples irréprochables, inoffensifs, et qui n'avaient point mérité cette exclusion, d'un droit qui ne leur appartenait pas moins qu'aux Espagnols? Il faut donc conclure ou que cette décision de sa part n'a aucune force, ou (ce qui est tout à fait vraisemblable) que l'intention du souverain pontife a été seulement de mettre un terme à la querelle des Espagnols et des Portugais, sans pour cela vouloir porter atteinte aux droits des autres nations.

CHAPITRE VII.

**La mer ou le droit d'y naviguer n'est pas le propre des Portugais
à titre de prescription ou de coutume.**

———

Le dernier moyen dont se prévaut une injuste prétention est
la prescription ou la coutume. Aussi les Portugais y ont-ils recours ; mais les plus solides raisons du droit leur enlèvent encore
cet appui.

La prescription est de droit civil ; d'où il résulte qu'elle ne
peut avoir lieu entre des rois ni entre des peuples libres (Vasquez, c. 51.) ; elle a d'autant moins de force dans ce qui tient
au droit de la nature ou des gens, qu'elle en a davantage dans le
droit civil. Bien plus, la loi civile elle-même est ici opposée à
la prescription [1]. On ne peut, en effet, acquérir par usucapion
ou prescription les choses qui ne sont pas, à proprement parler,
des biens, qui, par conséquent, ne sont susceptibles ni de possession ni de quasi-possession, et dont l'aliénation est interdite.
Or, telle est la mer et tel est aussi son usage. Et puisque les
choses publiques, c'est-à-dire celles qui appartiennent à un
peuple, ne peuvent être acquises par la possession la plus longue,
soit à cause de leur nature, soit à raison des priviléges de ceux
contre qui courrait la prescription, combien n'est-il pas plus
juste que non-seulement un peuple, mais le genre humain tout
entier profite de ce bénéfice en ce qui est des choses communes !

Papinien écrit qu'il n'est point d'usage d'accorder faveur à la
prescription par longue possession, lorsqu'il s'agit d'acquérir des
lieux reconnus publics en vertu du droit des gens [2]. Il prend
d'abord pour exemple le rivage, dont une partie aurait été
occupée par la construction d'un édifice ; cet édifice étant venu

---

[1] Doneau, lib. V. *Com.*, cap. 22 et seq. — *L. Sed Cols.*, *ff. De contr. emptione.*
— *L. Usucap.*, *ff. De usucapione.* — *L. Sine*, *ff. eod. cap. Sive poss. de reg. juris.*
— *L. Alienationis*, *ff. De verb. sign.* — *L. Si fundum*, *ff. De fundo dotali.*

[2] *L. Præscrip.*, *c. De oper. publ.* — *L. Diligent.*, *c. De aquæduc.* — *L. Vium*,
ff. De via publ. — *L. Ult.*, *ff. De usucapione.*

à tomber, si une autre personne en a élevé un nouveau sur le même lieu, aucune exception ne pourra lui être opposée. Il confirme ensuite cet exemple par un cas analogue relatif aux choses du domaine public : si quelqu'un, après avoir pêché durant plusieurs années dans un détour de rivière, vient à interrompre cette pêche, il ne peut plus empêcher tout autre de jouir du même droit.

Il me semble donc qu'Angeli et ceux qui ont dit avec Angeli que les Vénitiens et les Turcs ont pu acquérir par prescription un droit exclusif sur le golfe qui baigne leurs rivages, ont été trompés ou se sont trompés eux-mêmes, ce qui n'arrive que trop fréquemment aux jurisconsultes lorsqu'ils n'emploient pas l'autorité de leur profession sacrée pour la raison et pour la loi, mais la livrent à la merci des potentats (Angeli, cons. 286 : *Thema tale est : inter cætera capitula pacis*). Car, si l'on compare avec soin l'opinion de Marcien, que nous avons rapportée plus haut (chap. v, au milieu), avec les paroles de Papinien, elle ne peut recevoir d'autre interprétation que celle autrefois admise par Jean et Bartole, et maintenant adoptée par tous les docteurs, savoir [1] : que le droit d'empêcher la jouissance d'un autre se maintient tant que dure l'occupation, mais non plus dès qu'on a cessé d'occuper. Une fois, en effet, que l'occupation a cessé, elle ne sert plus de rien, comme l'observe si justement P. de Castro [2].

Et quand même Marcien aurait voulu, ce qui n'est guère présumable, qu'on reconnût le droit d'acquérir par la prescription un lieu dont l'occupation a été permise, il serait toutefois absurde de vouloir appliquer à l'usage commun des mers ce qui a été dit d'un fleuve public, et à un golfe entier ce qui a été dit d'un petit canal, l'une de ces prescriptions devant mettre obstacle à l'usage commun, tandis que l'autre est loin de nuire de la même manière à l'usage public.

Enfin, un autre argument tiré par Angeli de l'exemple d'un aqueduc est avec juste raison rejeté par tout le monde, comme étant, ainsi que le démontre encore P. de Castro, tout à fait étranger à la question. (*Ex l.. usum æquæ., c. de aquæ d. lib. 11*;

---

[1] Duaren, *De usucap.*, c. 3. — Cujas, *ad. d. l.* — Doneau, *loc. cit.*

[2] Castrensis, Paul de Castro, célèbre jurisconsulte italien du xv° siècle, dont Cujas disait : «Si vous n'avez pas Paul de Castro, vendez votre chemise pour l'acheter.» (*Note du traducteur.*)

Confer. cum L. Dilig. eod. tit. et cum L. hoc. jur., § *Ductus aquæ*, *ff. De aqua quot. et æst.*)

Il est donc faux qu'une telle prescription puisse devoir naissance à un temps dont le principe remonte au delà de tout souvenir. Lors, en effet, que la loi refuse absolument la prescription, le temps le plus long ne peut lui-même être admis, c'est-à-dire, selon les expressions de Felinus, qu'une chose imprescriptible de sa nature ne peut devenir prescriptible par un laps de temps immémorial (Fel., *ad c. Accedentes, De præscr.*). C'est ce dont Balbus reconnaît la vérité (*De præscr.*, 4 par., 5 part., princip. qu. 6, n. 8.); mais il dit admettre le sentiment d'Angeli par le motif qu'un temps immémorial est censé avoir toute la valeur de la loi même, en ce qu'il doit faire présumer le plus complet des titres. On voit par là que ces jurisconsultes ont seulement pensé que si une partie d'un État, par exemple de l'empire romain, a usé de tel droit par delà tout souvenir, la prescription doit lui être acquise, comme s'il y avait eu préexistence de quelque concession du prince. Or, personne n'étant maître de tout le genre humain, personne n'a pu accorder ce droit, au préjudice de tous, à un seul homme ou à un seul peuple; et, ce prétexte une fois détruit, il faut bien reconnaître que la prescription ne peut exister.

Ainsi, et de leur propre aveu, un laps de temps, même infini, ne peut servir de rien entre rois et peuples libres. Et c'est un bien vain enseignement que donne Angeli, en disant que, quand même la prescription ne pourrait servir pour acquérir la propriété, au moins serait-elle admissible, comme exception, en faveur du possesseur. Car Papinien refuse, en termes fort clairs, cette exception (*L. Ult., ff. De usucapione*); et il ne pouvait penser autrement, puisqu'au siècle où il vivait la prescription n'était elle-même autre chose qu'une exception.

C'est donc une vérité exprimée par les lois espagnoles elles-mêmes (Par. 3, tit. 29, *L. 7. Inc.*; Placa.; Rod. Zuarius, *cons. 1. De usu maris*, n. 4), qu'à l'égard des choses attribuées à l'usage commun des hommes, la prescription ne peut courir ni servir par aucun temps, principe dont on peut, entre autres raisons, donner celle-ci : que celui qui se sert d'une chose commune le fait évidemment en vertu d'un drcit commun et non d'un droit propre; qu'ainsi il ne peut pas plus prescrire que l'usufruitier, à cause du vice de sa possession (Fachin., lib. VIII, c. 26 et 33.

Dovar. *De præscript.*, part. 2, § 2, n. 8, et § 8, n. 5 et 6). Une autre raison qui n'est point à dédaigner, c'est que, dans la prescription par temps immémorial, bien qu'on doive supposer titre et bonne foi, si cependant, par la nature même des choses, il est évident qu'aucun titre n'a pu être donné, et qu'ainsi soit manifeste la mauvaise foi, qui doit être censée se perpétuer dans un peuple comme dans un seul individu, on doit conclure que la prescription tombe par ce double défaut. (Fachin., lib. VIII, c. 28.) Une troisième raison, enfin, c'est qu'il s'agit ici de l'usage ou exercice d'un droit purement facultatif, et ne pouvant conséquemment être prescrit, comme nous le démontrerons plus tard. (Voy. chap. XI.)

Mais les arguties n'ont point de fin. Il s'est trouvé des gens qui ont distingué la coutume de la prescription, afin que, exclus de celle-ci, ils pussent encore recourir à l'autre. Par la prescription, disent-ils, le droit que nous enlevons à quelqu'un nous est appliqué [1] ; mais, lorsqu'un droit est appliqué à quelqu'un sans avoir été enlevé à personne, c'est ce qu'on appelle la coutume. Comme si, en vérité, quand le droit de naviguer, qui appartient en commun à tous, est usurpé par un peuple, à l'exclusion des autres, il ne s'ensuivrait pas de toute nécessité qu'il périt pour tous en même temps qu'il devient celui d'un seul. Et, pour soutenir cette erreur, ils se sont accrochés à certaine interprétation inexacte d'un passage de Paul, où il est question d'un droit propre appartenant à quelqu'un sur la mer (*ad l. Sane*) ; d'où Accurse a conclu que ce droit pouvait s'acquérir par une loi (*privilegium*) ou par coutume. Mais c'est là une addition qui ne dérive nullement du texte du jurisconsulte, et qui est plutôt d'un mauvais conjecturiste que d'un commentateur soigneux. L'intention de Paul a été ci-dessus expliquée. Si, d'ailleurs, ils eussent fait assez d'attention aux seules paroles d'Ulpien, qui précèdent de quelques lignes, ils eussent dit toute autre chose (*L. Injuriarum*, § alt.). Ulpien reconnaît effectivement qu'il se peut faire que j'interdise à quelqu'un de pêcher devant ma maison ; mais il déclare aussi que c'est une usurpation de ma part (V. Gloss., *eod. loco*), et que si elle est, en quelque sorte, reçue par l'usage, aucun droit cependant ne la consacre ; en sorte qu'une action en réparation ne saurait être refusée à celui qui

---

[1] Aret., *in rubr.* ff. *de rer. divis. alleg.* ; Balbus, *d. loco* ; num. 2 ; V. Vasquez, *contr. ill.*, cap. 29, num. 38.

a éprouvé de ma part cet empêchement. Il méprise donc un tel usage, et le traite d'usurpation, comme l'a fait saint Ambroise parmi les docteurs chrétiens (*I De offic.*, 28; Gentil., lib. I, cap. 19, *sub finem*). Et certes, c'est à bon droit. Qu'y a-t-il, en effet, de plus clair qu'une coutume n'a aucune valeur lorsqu'elle est diamétralement opposée au droit de la nature ou des gens? (Auth. *Ut nulli judici*, § 1, c. *Cum tanto de consuet.*) La coutume n'est qu'une sorte de droit positif qui ne peut jamais abroger la loi perpétuelle; et c'est une loi perpétuelle que la mer soit, quant à son usage, commune à tout le monde. Ce que nous avons dit ci-dessus de la prescription est également vrai de la coutume : si l'on approfondit les opinions diverses émises sur ce point, on n'y verra autre chose, sinon que la coutume est assimilée à la loi (*privilegio*). Or personne n'a le droit de rendre une loi, de conférer un privilége contre le genre humain tout entier; c'est pourquoi une pareille coutume n'a aucune force entre les divers États.

C'est, au reste, une question traitée complétement et d'une manière bien remarquable par Vasquez, cette gloire de l'Espagne, qui ne laisse jamais rien à désirer ni quant à l'exploration des subtilités du droit ni quant à la liberté de l'enseignement (*Controvers. ill.*, cap. LXXXIX, num. 12 et seq.). Cet auteur donc, ayant posé en thèse que les lieux publics et communs d'après le droit des gens ne sauraient être prescrits, ce qu'il appuie sur un grand nombre d'autorités, fait suivre sa démonstration de quelques exceptions, simulées par Angeli et par d'autres et que nous avons rapportées plus haut. Mais, avant de les examiner, il pense avec raison que le moyen de s'assurer de la vérité en ces matières est de commencer par se faire une connaissance exacte du droit de la nature et des gens. Or, le droit naturel est immuable comme venant de la divine Providence; et une partie de ce droit naturel constitue le droit des gens primaire ou primitif, bien distinct du droit des gens positif ou secondaire, lequel est susceptible de changement. S'il est des mœurs qui opposent résistance à ce droit des gens primitif, ce ne sont plus, au jugement de Vasquez, des mœurs dignes de la civilisation humaine, mais des mœurs sauvages, des dépravations et des abus, mais non des lois et des usages. Aussi de telles mœurs ne peuvent obtenir prescription par aucun laps de temps, être justifiées par la publication d'aucune loi, être validées par le consentement, la protection ou la pratique de plusieurs peuples; ce qu'il vient ensuite à con-

firmer par le témoignage d'Alphonse de Castro, théologien espagnol. (*De potestate legis pœnalis*, lib. II, cap. xiv, part. 572) :

« Il semble donc, dit-il, que nous devons suspecter le sentiment de ceux qui, ainsi que nous l'avons ci-dessus rapporté,
pensent que les Génois et même les Vénitiens peuvent sans injustice empêcher les autres peuples de naviguer dans leur golfe,
comme s'ils avaient prescrit la mer elle-même ; ce qui est contraire non-seulement aux lois, mais encore au droit naturel ou
au droit des gens primitif, que nous avons dit ne pouvoir chan-
ger [1]. En effet, d'après les principes de ce droit, non-seulement
la mer et l'eau, mais encore toutes les choses immobilières,
étaient communes dans l'origine. Et bien que, par la suite, on
se soit relâché d'une partie de ce droit quant au domaine et à
la propriété des terres, qui, communes par le droit naturel,
furent distinguées, partagées et ainsi distraites d'une communion
absolue ; il en fut toutefois et il en est autrement du domaine de
la mer qui, depuis l'origine du monde jusqu'à ce jour, demeura
toujours en commun, sans être aliénée en aucune de ses parties,
comme chacun sait [2]. Et, quoique j'aie souvent ouï dire qu'une
foule de Portugais sont dans l'opinion que leur roi a prescrit la navigation des mers immenses de l'Inde occidentale (et
peut-être même orientale), de telle sorte qu'il ne soit plus loi-
sible aux autres peuples de traverser leurs eaux ; quoique l'opinion vulgaire paraisse également tendre en Espagne à interdire
à tout le reste des hommes, à l'exception des Espagnols, comme
si c'était un domaine par eux prescrit, le droit de se rendre, à
travers l'immense et vaste Océan, vers les régions de l'Inde sou-
mises par la puissance de nos rois ; toutes ces opinions néanmoins
ne sont pas moins folles que celles des gens qui se livrent au
même rêve en faveur des Génois et des Vénitiens : opinions d'autant plus clairement extravagantes que chacune de ces nations
ne peut pas prescrire contre elle-même, c'est-à-dire que Venise
ne peut pas prescrire contre le droit qu'elle tient elle-même de la
loi commune de nature, et ainsi de Gênes et des royaumes d'Espagne et de Portugal [3]. Il faut, en effet, considérer ces peuples à

[1] All. *L. Qaod in littore* ff. *de acq. rer. dom.* ; *L. fin. in prin.*, ff *de usucap.*, S *flu-
mina, verb. omnibus*; *Instit. de rer. div.*; *L. Si quisquam*, ff. *de div. et temp. præscr.*;
L. Sanè si maris, ff. *De injuriis.*

[2] All. *L. Ex hoc jure*, ff. *De just. et jure*, S *Jus gentium*; *et* S *jus autem gent.*;
Instit. De jure naturali.

[3] All. *L. Sequitur*, S *Si viam*, ff. *De usucapione*; S *Si itaque inst. de act. Ut dictis*

ce double point de vue : actifs en ce qu'ils prescriraient, passifs en ce qu'ils supporteraient leur propre prescription ! A plus forte raison n'ont-ils pas pu prescrire contre les autres peuples, le droit de prescription étant purement civil, ainsi que nous l'avons amplement démontré ci-dessus, et cessant conséquemment d'avoir aucun effet entre des princes et des peuples qui ne reconnaissent point de supérieur dans l'ordre temporel. Car les dispositions du droit purement civil d'un pays importent aussi peu aux autres nations et aux particuliers qui les composent que l'existence même ou la non-existence de ce droit; et ainsi c'est au droit des gens, tant primitif que secondaire, qu'il faut ici recourir; c'est lui seul qu'il faut invoquer; et il est assez évident que ce droit n'a jamais admis une telle prescription et usurpation des mers. L'usage des eaux n'est pas moins commun à tous aujourd'hui qu'il l'était à l'origine du monde. Les hommes ne sauraient acquérir sur elles aucun droit qui préjudicie à cet usage commun. C'est d'ailleurs un précepte du droit naturel et divin que de ne point faire à autrui ce que vous ne voudriez pas qu'on vous fît; d'où il suit que, la navigation ne pouvant être nuisible qu'au navigateur lui-même, c'est justice qu'on ne puisse ni ne doive l'interdire à personne, puisque la nature (libre assurément dans sa cause et éclairée sur son intérêt) n'entrave point la liberté de la navigation et ne porte atteinte ni audit précepte, ni surtout à la règle que tout ce qui n'est point défendu est censé permis[1]. Bien plus, non-seulement il serait contraire au droit naturel de vouloir mettre obstacle à une telle navigation, mais encore nous sommes tenus de faire le contraire, c'est-à-dire de nous y prêter et d'y aider en ce qui dépend de nous, puisque cela peut se faire sans notre préjudice. »

Après avoir confirmé cette thèse par une foule d'autorités tant divines qu'humaines, l'auteur ajoute (c. *De religiosis*) :

« D'après ce qui précède, il faut donc tenir pour suspecte l'opinion d'Angeli, de Balde, de Jean Fabre et de François Balbe que nous avons cités plus haut, et qui pensent que si des lieux qui étaient communs d'après le droit des gens n'ont pu être acquis par prescription, au moins ont-ils pu l'être par la coutume; ce

---

juribus et L. cum filio, ubi multa per Bartol. et Jas., ff. De legat. 1. part, in pr. , qu. 3 et 4.

[1] *L. Libertas, ff. De statu hom., S Libertas ; Inst. De jure pers.; L. 1 e. 2, ff. De homine lib., etc. etc.*

qui est absolument faux. C'est-là une doctrine obscure, nébuleuse, sans aucune lueur de raison, et qui ne règle que des mots et non des choses (*Contra l. 2. Cum vulgatis, c. Comm. de leg.*). Par les exemples que nous avons pris des mers d'Espagne, de Portugal, de Venise, de Gênes et autres encore, il est bien établi qu'un droit exclusif de navigation et la faculté de l'interdire aux autres ne sauraient s'acquérir par la coutume pas plus que par la prescription (*L. illud, ff. ad L. Aquil.*). Il est clair qu'il y a dans les deux cas même raison de décider. Et puisque, selon les préceptes et les raisons ci-dessus, ce serait chose contraire à l'équité naturelle, chose non pas utile, mais nuisible et qui, par conséquent, n'aurait pu être introduite par aucune loi expresse, elle ne peut non plus l'avoir été par une loi tacite telle que la coutume [1]. Loin de se justifier par le temps, l'injustice n'en deviendrait que plus cruelle et plus révoltante chaque jour. »

Il montre ensuite que, par une conséquence de la première occupation des terres, chaque peuple a reçu l'attribution du droit de pêche dans ses rivières comme du droit de chasse sur son territoire, et qu'une fois séparés de l'antique communion de manière à recevoir une application spéciale, ces droits ont pu être définitivement acquis par la prescription d'un temps immémorial, comme par une concession tacite. Et c'est bien par prescription que cela arrive et non par coutume, puisque la condition de l'acquéreur est la seule qui s'améliore aux dépens de celle des autres. Après avoir ensuite énuméré trois conditions requises pour prescrire le droit exclusif de pêche dans un fleuve : « Que dirons-nous, poursuit-il, en ce qui est de la mer ? C'est que le concours de ces trois conditions ne suffirait même pas pour y acquérir un pareil droit. Et la raison de cette différence entre la mer d'une part, la terre et les fleuves d'autre part, c'est qu'à l'égard de la mer le droit des gens primitif est resté et restera toujours ce qu'il fut autrefois, et n'a jamais été séparé de la communion des hommes, ni appliqué à quelqu'un ou à quelques-uns d'entre eux ; tandis qu'à l'égard de la terre et des fleuves il en a été autrement, ainsi que nous l'avons déjà exposé. Mais pourquoi, dira-t-on, le droit des gens secondaire, qui

---

[1] *C. Erit autem lex 4 dist. L. 1, et 2 ff. De legibus; L. De quib. cum seq., ff. De legib., c. fin. De præscr.*

a pu opérer cette séparation pour la terre et les fleuves, n'a-t-il point agi de même à l'égard de la mer? Je réponds simplement : parce que, dans le premier cas, il y avait nécessité. Il est évident, en effet, qu'une multitude de chasseurs et de pêcheurs eût bientôt dépeuplé les forêts de bêtes fauves et les rivières de poissons, ce qui n'est point à craindre pour la mer. Outre cela, la navigation des fleuves est facilement détériorée et entravée par des édifices; un fleuve enfin s'épuise facilement par des canaux et des prises d'eau, et il n'en est point ainsi de la mer (*Per tot titul., ff. Ne quid in flum. pub.*). Conséquemment il n'y a point parité de raison dans les deux cas. Et ici ne s'applique point ce que nous avons dit plus haut : que l'usage des eaux, des fleuves et des sources doit être commun ; car il faut l'entendre en ce qui est de s'y désaltérer ou d'en jouir de manières analogues, qui ne nuisent point ou ne nuisent qu'infiniment peu à celui qui a la propriété ou autre droit sur le fleuve (*L. Scio, ff. de minor.*; Vasquez, lib. I, *De suc. reso.*, c. VII). Les infiniment petits, en effet, ne sont point à prendre en considération. A l'appui de notre sentiment, disons encore que, puisque les choses injustes ne se prescrivent par aucun laps de temps, il n'y a pas de temps qui puisse justifier une loi injuste, ni lui acquérir la prescription. » Et peu après : « Les choses qui sont imprescriptibles par la disposition de la loi ne sauraient se prescrire, même par un laps de mille années; » ce qu'il étaie par les témoignages innombrables des savants[1].

Il n'est déjà personne qui ne voie qu'une usurpation, tant longue soit-elle, ne peut servir de titre à intercepter l'usage d'une chose commune. Ajoutons à cela qu'on ne peut pas même appliquer à la question actuelle l'autorité de ceux qui s'écartent de cette doctrine; car ils parlent de la Méditerranée et non de l'Océan, d'un golfe et non de l'immensité des mers, choses essentiellement différentes entre elles au point de vue de l'occupation. Au moins ceux à qui ils accordent la prescription possèdent, en réalité, une portion continue du littoral de la mer, comme les Vénitiens et les Génois, ce qu'on ne peut dire en faveur des Portugais, comme nous l'avons déjà reconnu.

Mais il y a plus : si le temps pouvait servir, comme quelques

---

[1] Balbe, *De præscrip.*, Alph. de Castro, *De potestate legis pænalis*, lib. II, cap. XIV; c. *De præscrip. 30 ann.*, etc.

peuples le pensent, à prescrire même les choses publiques, ici manqueraient toujours les conditions qui sont absolument requises. Tous s'accordent, en effet, pour enseigner qu'on doit exiger d'abord de celui qui invoque une prescription de cette nature qu'il ait exercé sa possession non-seulement pendant un long espace de temps, mais depuis un temps immémorial; ensuite que nul autre n'ait jamais, en même temps que lui, exercé la même possession, si ce n'est de son aveu ou clandestinement; enfin qu'il ait, à la connaissance et tolérance des anciens maîtres, empêché tous autres que lui de prendre part à son usage. Car si, en exerçant lui-même une possession continue, il avait aussi constamment empêché quelques-uns, mais non pas cependant tous autres, de l'exercer comme lui, de sorte que, les premiers étant exclus, les seconds aient pu en jouir en toute liberté; de l'avis des docteurs, cela ne suffirait point. Et il paraît que le concours de toutes ces conditions est requis, tant parce que la loi est hostile à la prescription des choses publiques, que pour constater que celui qui prescrit a usé de son droit et non d'un droit commun, au moyen d'une possession non interrompue.

Quant à la nécessité que la possession remonte à un temps immémorial, il ne suffit pas toujours, ainsi que le démontrent les meilleurs commentateurs, de prouver qu'elle a existé pendant la durée d'un siècle; il doit demeurer constant que la tradition des ancêtres à ce sujet est telle, qu'il ne reste plus personne qui ait vu ou entendu dire le contraire. Or les Portugais (V. *Osorio*, liv. Ier) commencèrent, sous le roi Jean, et à l'occasion des guerres d'Afrique, à pousser leurs découvertes dans les parties les plus reculées de l'Océan, vers l'an du salut 1477. Vingt ans après, sous le règne d'Emmanuel, ils doublèrent le cap de Bonne-Espérance, et n'arrivèrent que beaucoup plus tard à Malaga et aux îles plus éloignées, où les Hollandais commencèrent à naviguer en l'an 1595, c'est-à-dire, sans aucun doute, moins de cent ans après leur découverte. Mais déjà, dans cet intervalle de temps, l'usurpation des uns sur les autres, quoique effectuée au détriment de tous, avait interrompu la prescription. Les Espagnols, dès l'an 1519, rendirent fort incertaine la possession de la mer des Moluques par les Portugais. Les Français et les Anglais n'y vinrent pas à leur insu, mais se précipitèrent dans la nouvelle voie qui leur était ouverte. Bien plus, les habitants de toute la côte d'Afrique ont, ainsi que les

Asiatiques, constamment occupé par la navigation et la pêche les parties de la mer dont ils sont voisins, sans que les Portugais s'y soient jamais opposés.

Concluons donc que les Portugais n'ont aucun droit d'interdire, à quelque nation que ce soit, la navigation vers l'Inde au travers de l'Océan.

CHAPITRE VIII.

En vertu du droit des gens, le commerce est libre entre tous.

Si maintenant les Portugais affirment avoir le droit exclusif
et propre de commercer avec l'Inde, presque tous les mêmes
arguments serviront à les réfuter. Nous les répéterons brièvement en en faisant l'application.

C'est un principe introduit par le droit des gens que la faculté de négocier soit libre à tous les hommes, et ne puisse leur
être enlevée par personne. (*L. Ex hoc jure, ff. De justitia et jure;
et ibi Bartol.*) Et ce principe, qui fut nécessaire aussitôt après la
distinction des propriétés, peut ainsi être considéré comme re-
montant à la plus antique origine. Aristote, au livre Ier de la
République, chapitre ix, a dit avec une heureuse simplicité
d'expression que « le commerce supplée à ce qui manque à la
nature pour qu'elle suffise aux besoins de tous. » Il faut donc
bien que le commerce soit commun en vertu du droit des gens
non-seulement relatif, mais absolu, ou affirmatif comme l'appellent les maîtres de la science. Or les choses qui tiennent au
droit des gens relatif ou secondaire peuvent être changées; mais
non pas celles du droit des gens primitif.

Ceci peut s'expliquer comme suit : la nature avait tout donné
en commun aux hommes; mais la distance des lieux leur inter-
isant l'usage de bien des choses désirables à la vie, puisque,
ainsi que nous l'avons dit, toutes productions ne viennent pas
en tous pays, il fallut en opérer le déplacement ou le transport,
sans toutefois que ce fût déjà un échange; seulement on se ser-
vait réciproquement, chacun à son gré, de ce qui se trouvait
chez les autres, à peu près comme on dit que se faisait le
commerce chez les Sères ou Tartares d'Orient, par l'abandon
des choses sur place, à la bonne foi et religion des contractants.
(Pomponius Mela, lib. III, c. vii.) Mais comme tout aussitôt les
leçons de la nécessité firent admettre la propriété des choses
mobilières, on eut recours à l'échange proprement dit, par

lequel ce dont chacun manque lui fut fourni du superflu des autres (*L. 1, ff. De contrahend. empt.*). Pline, au chapitre 1ᵉʳ du livre XXXIII, démontre, en s'appuyant lui-même du témoignage d'Homère, que le but primitif du commerce fut un échange des commodités de la vie. Puis, lorsque les immeubles aussi commencèrent à être soumis à des maîtres distincts, cette destruction de toute communion, non-seulement entre les hommes séparés par la distance des lieux, mais entre les voisins eux-mêmes, rendit le commerce d'une nécessité impérieuse; et pour sa plus grande facilité on inventa la monnaie (*nummus*, de νόμος, loi), institution purement civile. (*D. L. 1*; Aristote, lib. V, *De morib.*, c. VIII, et lib. I, *De Republica*, c. IX.)

Ainsi la raison universelle des contrats, l'échange, ἡ μετα-βλητικη, dérive de la nature; quelques-unes de leurs formes particulières et le prix lui-même, c'est-à-dire ἡ χρηματισλικη, la vente et le payement en numéraire, dérivent de la loi (*Jus naturale*, dist. 1; Aristot., *loc. cit.*); ce que les anciens interprètes du droit n'ont point assez soigneusement distingué. Tous reconnaissent cependant que la propriété des choses mobilières au moins dérive du droit des gens, et qu'il en est de même des contrats où n'entre point un payement en numéraire (*Castr. ex Cyno et aliis, in D. L. Ex hoc jure*, nᵒˢ 20 et 28). Quant aux philosophes, ils distinguent (qu'on nous permette de traduire ici cette distinction), deux sortes d'échange ou μεταβ᾽ητικὴν, savoir : τὴν ἐμπο-ρικὴν καὶ τὴν καπηλικὴν. Ils appellent ἐμπορικη, ainsi que l'indique le mot lui-même, le grand commerce d'échange qui a lieu entre nations éloignées; c'est le premier dans l'ordre de la nature, et Platon le met à ce rang (Platon, *Républ.*, liv. II; *L. 2, ff. De nundinis*). Ce qu'ils nomment καπηλικη semble être ce qu'Aristote appelle παράσλασις, c'est-à-dire le commerce de détail entre les citoyens. Le même Aristote, en sa République, liv. Iᵉʳ, chapitre XI, divise le haut commerce, ἐμπορικη, en ναυκλήριαν et φορτηγίαν, relatives, la première à l'échange et transport des marchandises par mer, l'autre aux mêmes opérations par terre. Il y a quelque chose de sordide dans le commerce de détail, καπηλικη; mais le grand commerce d'échanges, ἐμπορικη, est plus noble, surtout lorsqu'il se fait par mer; car alors il fait beaucoup pour la satisfaction d'un grand nombre (Cicéron, *Des devoirs*, liv. I; Aristote, *République*, liv. Iᵉʳ, chap. IX). Aussi Ulpien dit-il que les armements maritimes sont le propre d'une

grande république, mais que les marchands ordinaires ne donnent point le même éclat à leur patrie ; cela tient à ce que le
transport par mer est une des nécessités de la nature. Aristote,
au livre déjà cité, a dit encore : « Le commerce, dans son origine, était fondé sur la nature ; il avait lieu entre les hommes à
raison de l'abondance et de la disette respective des objets de
première nécessité. » Et Sénèque, en son Traité des bienfaits,
chapitre viii : « La vente, l'achat, dit-il, sont du droit des gens. »

Ainsi, la liberté de commerce est du droit des gens appelé
primitif, lequel procède d'une cause naturelle et perpétuelle.
Aussi ne peut-elle être détruite, ou du moins ne le pourrait-elle
être que du consentement unanime des peuples ; tant s'en faut
qu'un d'entre eux puisse s'opposer avec justice à ce que deux
autres contractent ensemble à leur volonté.

CHAPITRE IX.

Le commerce avec l'Inde n'est pas le propre des Portugais à titre d'occupation.

On voit de prime abord, par les motifs exposés aux chapitres II et V de notre dissertation, que ce n'est point ici le cas de se prévaloir de la découverte, ni d'invoquer l'occupation, puisque le droit de commercer n'est point quelque chose de corporel qu'il soit possible de saisir et de détenir; et ainsi il ne servirait de rien aux Portugais d'avoir été les premiers des hommes qui eussent eu commerce avec l'Inde, ce qui d'ailleurs ne peut manquer d'être complétement faux. Car, puisque, dès le principe, les peuples dirigèrent en divers sens leurs opérations, il faut bien que quelques-uns aient été les premiers marchands, ce qui toutefois, cela est certain, n'a jamais pu leur conférer un droit exclusif. Si donc quelque droit d'entretenir seuls commerce avec l'Inde appartient aux Portugais, il doit, comme les autres servitudes, dériver d'une concession expresse, cu du moins d'une concession tacite, c'est-à-dire de la prescription. Autrement, cela ne se peut.

CHAPITRE X.

Le commerce avec l'Inde n'est point le propre des Portugais à titre de donation du souverain pontife.

Personne ne leur a concédé ce droit, si ce n'est peut-être le souverain pontife, qui n'en avait pas le pouvoir. (Voir ci-dessus les chapitres III et VI.) Personne, en effet, ne peut donner ce qui ne lui appartient pas. Or, le Pape, à moins d'être le seigneur temporel du monde entier, ce que nient les gens sages, ne saurait dire que le droit universel du commerce lui appartient; d'autant moins que le commerce a en vue un intérêt purement matériel, sans aucune relation avec le gouvernement spirituel des peuples, hors duquel, de l'aveu de tous, cesse la puissance pontificale. D'ailleurs, si le Pape voulait attribuer ce droit aux seuls Portugais, en l'enlevant au reste des hommes, il commettrait une double injustice. Premièrement, il serait injuste envers les Indiens qui, placés en dehors de l'église, ne sont, sous aucun rapport, ses sujets. Ne pouvant rien leur enlever de ce qui est à eux, il n'a pu davantage leur enlever le droit de commercer avec qui ils veulent. En second lieu, il serait injuste envers les autres hommes, chrétiens ou non, à qui il n'a pu enlever ce droit sans motifs. N'a-t-il pas été démontré plus haut, par raisons et autorités, que même les souverains temporels ne peuvent interdire dans leurs États la liberté de commerce? Et ne devons-nous pas en conclure, et reconnaître pour évident, que l'autorité du souverain pontife n'a aucune force contre le droit éternel de la nature et des gens, d'où a pris naissance cette impérissable liberté?

CHAPITRE XI.

Le commerce avec l'Iude n'est pas le propre des Portugais à titre de prescription ou de coutume.

Reste la prescription ou, si vous aimez mieux, la coutume.
Mais nous avons démontré avec Vasquez, au chapitre vii ci-
dessus, que ni l'une ni l'autre n'ont aucune force entre peuples
libres en ce qui touche les principes introduits par le droit des
gens primitif. Il ne peut donc se faire par aucun laps de temps
que le droit de commercer, dont la nature ne participe en rien
de celle de la propriété, tombe dans un domaine quelconque.
On ne peut conséquemment invoquer ici ni titre ni bonne foi ;
et lorsque la bonne foi manque manifestement, la prescription,
selon les canons, n'est plus un droit, mais, au contraire, une
injustice.

Si, d'une part, la quasi-possession de la faculté de commerce
ne semble pas tenir à un droit propre et exclusif, mais au droit
commun qui appartient également à tous ; d'autre part, il ne
faut pas, de ce que d'autres nations ont peut-être négligé le
commerce de l'Iade, présumer qu'elles aient agi de la sorte en
faveur des Portugais. On peut seulement conclure qu'elles ont
cru cette conduite conforme à leurs intérêts, ce qui ne s'oppose
nullement à ce que, sur d'autres conseils de ces mêmes intérêts,
elles ne puissent faire ce qu'elles n'ont point fait antérieurement.
C'est, en effet, un principe incontestable émis par les docteurs [1], qu'à l'égard des choses arbitraires ou facultatives, qui
ont pour effet un acte d'exercice de telle ou telle faculté, mais
non pas un droit nouveau, mille années même ne sauraient va-
loir pour les acquérir à titre de prescription ou de coutume ; ce
qui est vrai, comme l'enseigne Vasquez, affirmativemeut et né-
gativement. Je ne puis, en effet, pas plus être contraint de

---

(1) Gloss. et Bart., in *L. Viam public.*, *ff. De via pub.* ; Balb. in *4 par princ.*,
qu. 1 ; Doct. in *L. Qui jure familiaritatis*, *ff. De acquir. possess.* ; Alleg. per Covarruvias, in *c. possessor.*, parte 2, § 4, in 6 contr. usu *freq.*, c. 4, n. 10 et 12, etc.

faire ce que j'ai fait jusqu'ici librement, que de m'interdire ce que je n'ai point fait. Autrement, qu'y aurait-il de plus absurde que l'impossibilité où sont les hommes de contracter tous et constamment ensemble s'opposât à ce qu'ils conservassent intact le droit de le faire, et que l'usage qu'en auraient fait entre eux quelques-uns enlevât ce droit à tous les autres ? Le même Vasquez a dit encore qu'un temps infini ne suffirait pas pour acquérir cette prescription, de crainte qu'on ne parût ainsi se trouver dans le cas de commercer par nécessité, et non librement et de son plein gré.

Ainsi, pour s'assurer la prescription du commerce des Indes, il faudrait que les Portugais prouvassent avoir exercé sur les autres peuples une contrainte qui étant elle-même, en cette cause, contraire à la loi de nature et nuisible à tout le genre humain, ne peut servir à fonder un droit. Il faudrait ensuite que la contrainte eût duré pendant un temps immémorial ; et cette condition manque ici à tel point, qu'il y a moins de cent ans presque tout le commerce de l'Inde appartenait aux Vénitiens par la voie d'Alexandrie (Guicciardini, *Histoire de l'Italie*, livre XIX). De plus, la contrainte doit être telle, qu'il n'y ait point été opposé de résistance. Or les Français, les Anglais et d'autres ont résisté. Enfin il ne suffit pas que quelques-uns soient contraints ; il est indispensable que tous le soient, puisque par le défaut de contrainte d'un seul, la jouissance de la liberté de commerce serait conservée à tous. Or les Arabes et les Chinois ont, depuis plusieurs siècles, et jusqu'à ce jour, entretenu commerce avec l'Inde. L'usurpation des Portugais ne leur sert donc absolument de rien pour prescrire.

CHAPITRE XII.

Les Portugais ne peuvent s'appuyer d'aucun motif d'équité pour prohiber le commerce.

On voit assez, par ce qui vient d'être dit, combien est aveugle la cupidité de ceux qui, pour n'admettre personne au partage du gain que le commerce procure, s'efforcent de rassurer leur conscience par des raisons que les docteurs Espagnols, intéressés pourtant dans la même cause, ont convaincues de vanité manifeste. Ces docteurs indiquent assez que tous ces prétextes invoqués dans les affaires de l'Inde ne sont que d'injustes assauts que les ennemis de la vérité peuvent lui livrer tant qu'ils voudront, et ajoutent que jamais un examen sérieux des Théologiens n'a reconnu de telles prétentions comme fondées. Quoi de plus injuste, de la part des Portugais, que de se plaindre que leurs profits leur sont enlevés contre toute licence par un pouvoir si généralement accordé aux autres peuples? N'est-ce pas une règle de droit des plus certaines, qu'on ne peut être considéré comme coupable de dol ni de fraude, ni même de dommage causé à autrui, lorsqu'on fait simplement usage de son droit, et surtout lorsqu'on agit sans intention de nuire à qui que ce soit, mais seulement en vue d'améliorer sa propre condition? (Vasquez, *Contr. usufr.*, c. 4, n. 3 et seq.). Il faut, en effet, s'attacher à la question principale, au droit et au fait, en eux-mêmes, et non point à leurs résultats et conséquences extrinsèques. Et, bien plus, disons-le nettement avec Ulpien, ce n'est point ici causer du dommage à autrui, c'est lui interdire un profit dont on l'avait laissé jouir jusqu'alors. Il est certes naturel et non moins conforme à l'équité qu'au droit, que, dans un profit ouvert à tous, chacun préfère son propre avantage à celui d'un autre, même nanti avant lui. Supporterait-on d'entendre un ouvrier se plaindre du tort que lui fait un autre par l'exercice du même art? Or la cause des Hollandais est encore plus juste, puisque leur utilité y est intimement jointe à celle de tout le genre humain, au renversement de laquelle tendent les Portugais. Et c'est sans raisons que l'on prétendrait qu'ils la soutiennent uniquement par esprit de rivalité, comme Vasquez le montre dans un cas semblable. Nous ne pouvons que le nier, ou expliquer cette rivalité en disant que c'est non-seulement une émulation salutaire, mais la meilleure de toutes, celle dont Hésiode dit : Ἀγαθὴ δ' ἔρις ἥδε βροτοῖσι. « Cette lutte est avantageuse aux mortels. » Qu'il arrive, dit Vasquez, à un homme touché d'un sentiment de charité de vendre le blé à vil prix dans une grande disette, il éprouvera certainement des obstacles par la honteuse dureté de ceux qui voudraient profiter du même fléau pour vendre leurs denrées le plus cher possible. Il est vrai que ceux-ci, par un tel procédé, seraient exposés à voir diminuer leurs bénéfices ; « et nous ne le nions pas, dit-il ; mais ces bénéfices de quelques-uns ne seraient réduits qu'à l'avantage de tout le monde..... Et plût à Dieu qu'ainsi fussent diminués les profits de tous les princes et tyrans de la terre ! » Que pouvons-nous donc voir de plus inique que l'assujettissement tributaire du globe entier aux peuples d'Espagne, en sorte qu'on ne puisse ni vendre ni acheter que sous leur bon plaisir ? Dans toutes nos villes, nous poursuivons les accapareurs de notre haine et de nos châtiments ; et aucun genre de vie ne nous paraît aussi infâme que cet avide soin du renchérissement des récoltes (Cajetan, *Sur la somme de Saint-Thomas,* 2ᵉ part. 2ᵉ division, qu. 77, art. 1ᵉʳ). Et, certes, à bon droit ; car de telles gens font outrage à la nature qui est féconde pour tous, dit Aristote (*Répub.,* liv. I, chap. ix) ; et l'on ne doit point admettre que le commerce ait été inventé pour l'usage du petit nombre, mais bien pour que chacun pût mutuellement suppléer, par l'abondance de ce qu'il possède, à ce qui manque à autrui, moyennant toutefois une juste récompense pour tous ceux qui assument sur eux-mêmes les travaux et les dangers du transport. Ce qui est ainsi jugé dangereux et intolérable dans une république, c'est-à-dire dans la moins étendue des sociétés humaines, sera-t-il donc supporté dans des États plus considérables, et à tel point que les Espagnols s'arrogent le monopole du monde entier ? Saint Ambroise s'indigne contre ceux qui entravent la liberté des mers (5 hex., c. X, l. IV, qu. 44, *Sup. Nu.*) ; saint Augustin, contre ceux qui obstruent la circulation des routes ; saint Grégoire de Naziance (*In fun. Basilii*) contre ceux qui se coalisent pour acheter et cacher les marchandises, et qui ne tirent leur avantage que de la profonde misère des autres, comme il le dit lui-même éloquemment. N'est-ce rien que la sentence par laquelle ce docte Père de l'Église voue aux châtiments publics et à l'exécration universelle ceux qui, en resserrant les denrées, occasionnent leur renchérissement pour le peuple ?

Que les Portugais s'écrient donc tant et aussi longtemps qu'il leur plaira : Mais vous réduisez nos bénéfices ! Les Hollandais répondront : Nous veillons à nous assurer de légitimes avantages. N'allez-vous pas vous indigner que nous venions avec vous en partage des vents et de la mer ? Eh ! qui vous avait promis que ces bénéfices vous resteraient ? Ce qui vous reste, ce qui sera toujours sauf pour vous, c'est ce dont nous nous contentons nous-mêmes.

CHAPITRE XIII.

Les Hollandais doivent se maintenir dans le droit de commercer avec l'Inde,
soit en paix, soit en trève, soit en guerre avec ceux qui s'y opposent.

———

Ainsi, puisque le droit et l'équité veulent que le commerce
de l'Inde nous soit libre comme à chacun, il s'ensuit que nous
devons maintenir dans toute sa plénitude cette liberté qui nous
vient de la nature, soit que nous fassions paix ou trève avec les
peuples d'Espagne, soit qu'il nous faille continuer avec eux la
guerre. Car, en ce qui a rapport à la paix, on sait qu'elle est de
deux sortes, selon qu'elle est faite, ou non, sur le pied de l'égalité.
Les Grecs (Thucydide, Isocrate, Andocides) l'appellent dans le
premier cas συνθήκην ἐξ ἴσου, et dans le second σπονδέος ἐξ
ἐπιταγμάτων. L'une est faite pour des hommes de cœur ; l'autre
ne peut convenir qu'à des âmes serviles. Démosthènes, dans son
discours pour la liberté des Rhodiens, s'exprimait ainsi : « Ceux
qui veulent être libres doivent fuir toutes les conditions par
lesquelles on leur fait la loi, comme étant bien voisines de la servitude. » Et telles sont, suivant la définition d'Isocrate, toutes
les conditions par lesquelles une des parties reçoit une atteinte
quelconque à ses droits. Si, en effet, comme le dit Cicéron (*Des
devoirs*, liv. I*er*), il faut parfois faire la guerre pour vivre sans
éprouver d'injustices pendant la paix, il s'ensuit, d'après le même
auteur, que ce n'est point un pacte servile qu'il faut appeler du
nom de paix, mais bien une tranquille liberté. Ainsi, la paix et
la justice diffèrent-elles plus de nom que d'effet, au jugement de
la plupart des philosophes et théologiens ; et la paix n'est point
tout ce qu'il vous plaira, mais une concorde basée sur les principes. Quant aux trèves, leur seule nature indique assez que,
pendant leur durée, la condition d'aucune des parties ne doit
empirer, puisqu'elles sont, en quelque sorte, dans les relations
des peuples ce qu'est l'interdit *uti possidetis* dans les différends
entre les particuliers.

Que si nous sommes contraints à la guerre par l'injustice de nos ennemis, la justice de notre cause doit nous inspirer tout espoir et confiance dans le succès. « Car tout le monde, dit Démosthènes, est disposé à combattre de tous ses moyens pour ceux qui éprouvent quelque injustice ; mais on ne prend pas également parti pour la cupidité des autres ; ce que l'empereur Alexandre a exprimé comme suit : « La provocation à la guerre, de la part de celui qui a commencé par être injuste, est quelque chose de bien odieux ; mais, lorsqu'il s'agit de repousser des agresseurs, autant la bonne conscience porte de confiance avec soi; autant, puisqu'il s'agit de repousser et non de commettre une injustice, doit-on concevoir les plus fermes espérances. » S'il le faut donc, lève-toi, nation invincible sur la mer ; et combats hardiment, non pour ta seule liberté, mais pour la liberté du genre humain.

> Ne crains pas la flotte nombreuse
> D'une nation orgueilleuse
> Que la mer supporte à regret;
> Sa tyrannie est impuissante,
> Et sa colère frémissante
> Ne te prépare qu'un vain trait.
> C'est quand le guerrier se repose
> Sur la justice de sa cause
> Qu'il sent la force lui venir :
> Sans justice, point de courage ;
> La honte paraît au visage,
> Et le bras ne peut que faiblir.
>
> (PROPERCE, l. IV, élégie 6.)

Si nombre d'auteurs, et saint Augustin lui-même, ont pensé que l'on pouvait prendre les armes avec justice en cas de refus de passage inoffensif à travers un territoire étranger, avec combien plus de justice les prendra-t-on pour obtenir l'usage commun, et non dommageable, des mers, qui est de droit naturel ! S'il y a eu justice à attaquer des nations, qui sur leur propre sol interdisaient aux autres le commerce, que sera-ce de celles qui séparent l'un de l'autre, par la violence, des peuples qui ne leur appartiennent point, et interceptent leurs relations mutuelles ? Qu'une telle affaire soit déférée aux tribunaux, on ne peut douter de la sentence qu'il y aurait lieu d'attendre d'un intègre magistrat. Le préteur dit : « Défense est faite de s'opposer par la force à la conduite d'un navire ou d'un radeau sur un fleuve public, ou à son déchargement sur le rivage. » (*L. 1, ff. Ut in flum. pub. nav. liceat.*) Et les commentateurs (Gloss, *ibid.*)

enseignent que la même défense doit être appliquée à tout litige concernant la mer et ses rivages. Nous citerons pour exemple Labéon qui, sur la défense du préteur « de rien faire, dans un fleuve public, qui en rende la station ou la navigation plus incommode, » dit que pareille défense doit être appliquée à la mer : « Ne faites rien en mer ou sur son rivage qui puisse détériorer un port, un mouillage, ou entraver la route des navigateurs. » (*L. 1, in pr. ff De flumine, S Si quid in mare.*) Que si, malgré cette prohibition, quelqu'un éprouve de l'empêchement à naviguer sur mer, n'a point la permission de vendre sa marchandise ou d'en faire un libre usage, Ulpien répond qu'il est fondé à intenter à ce titre une action en dommages et intérêts [1]. Les théologiens et les casuistes s'accordent aussi à reconnaître que celui qui empêche autrui de vendre ou d'acheter, qui préfère son utilité propre à l'utilité publique, ou met enfin tout autre obstacle à ce qui est de droit commun, est tenu, à dire d'arbitre, de la restitution de tout le dommage.

Ainsi donc, le magistrat statuant d'après ces principes, accorderait aux Hollandais la liberté du commerce, interdirait aux Portugais et à tous autres qui gênent l'exercice de cette liberté, l'emploi d'aucune violence, et leur ordonnerait de restituer le dommage qu'ils occasionnent. Or ce qu'un jugement accorderait, peut, s'il est impossible d'obtenir jugement, être avec justice revendiqué par la guerre. « L'iniquité d'un adversaire, dit saint Augustin, dans la Cité de Dieu, liv. IV, justifie la guerre qu'on lui déclare. » Et Cicéron, dans le 1ᵉʳ livre des Devoirs : « Puisqu'il y a deux façons de combattre, l'une par la discussion l'autre par la force, il faut bien recourir à la seconde quand il est impossible d'user de la première. » Et le roi Théodoric : « Venons donc aux armes, puisque la justice ne trouve point accès près de notre ennemi. » (Var. I. 17.)

Mais ce qui s'applique plus directement encore à notre thèse, c'est la décision de Pomponius : que celui qui usurpe au préjudice des autres une chose commune à tous *EN SOIT EMPÊCHÉ DE LA MAIN* (*L. Quamvis quod in littore, ff. De acquir. rer. dom.*) Ici encore les théologiens admettent que comme la guerre peut être justement entreprise pour la défense des droits de chacun,

---

[1] *L. 2, ff. Ne quid in loc. pub., S Si quis; L. In injur. act. et L. Si quis propr. ff. De injur.; Silv., in verb. Restitutio.; Alleg. Oldradum et Archid. argum. L. 2 ff. Ad L. Juliam, de annona, et I., Annonam, de extraord. crimin, et ibi Glos., etc.*

elle ne l'est pas avec moins de justice pour s'assurer l'usage des choses qui, de droit naturel, sont communes à tous. Ainsi, disent-ils, on peut repousser par voie de fait, même sans attendre aucune autorité publique, quiconque ferme les chemins et empêche la circulation des marchandises. (Henr. Gorich., *de Bello justo*, prop. 9.)

Puis donc qu'il en est ainsi, ne craignons point, ô mes concitoyens ! que Dieu seconde les efforts de ceux qui violent le droit le plus certain de la nature établi par lui-même, ni que les hommes laissent impunis ceux qui, en vue de leurs seuls intérêts, combattent l'utilité commune du genre humain.

APPENDICE.

Traduction de deux lettres du roi d'Espagne (Philippe III) rapportées par
Grotius à la suite de sa dissertation [1].

Ayant eu entre les mains, dans ce temps-là, plusieurs lettres
du roi d'Espagne, où le but de ce souverain et celui des Portugais est manifestement découvert, il nous a paru utile de traduire (en latin), à la suite de notre dissertation, deux de ces
lettres qui, pour la plupart, reproduisent le même argument :

I.

A dom Martin Alphonse de Castro, notre amé vice-roi, salut :

Avec les présentes, vous parviendra un exemplaire imprimé de mon
édit par lequel, et pour les motifs que vous y verrez énoncés, et autres
raisons conformes à mes intérêts, j'interdis tout commerce des étrangers
dans les contrées mêmes de l'Inde et dans tous autres pays d'outre-mer.

Cette mesure étant d'importance, d'une extrême utilité, et requé-
rant une grande habileté dans son application, je vous commande
d'assurer en toute diligence, dès leur réception, la publication de la
présente et de l'édit y annexé, dans tous les lieux et pays de cet empire, de faire observer exactement et scrupuleusement les dispositions
de l'édit [2], sans exception d'aucune personne, de quelque qualités,
conditions, et quelque âge que ce soit, comme sans retard et sans
excuse, et de procéder à l'accomplissement de cet ordre par voie de
pleine exécution, sans admettre aucun empêchement, appel ou obstacle à ce contraire, quel qu'en soit le sujet, l'espèce ou la qualité. Et
ainsi j'ordonne que ce but soit atteint par tels officiers que cette exécution concerne, et qu'il leur soit notifié non-seulement que ceux qui
agiraient à l'encontre me serviraient mal, mais que je les punirais par
la privation de leurs offices.

Et sur ce qu'il m'a été rapporté que, dans les mêmes pays, séjour-
naient un grand nombre d'étrangers de diverses nations, Italiens,

---

[1] Les couronnes d'Espagne et de Portugal avaient été réunies par Philippe II, fils de Charles-Quint, peu après la mort de don Sébastien, et Philippe III les possédait également toutes deux. C'est ce qui explique la citation
des lettres de ce dernier roi par *Grotius*, et les passages de notre auteur où il
combat les prétentions des Espagnols aussi bien que celles des Portugais.
(*Note du traducteur.*)

[2] Un édit de l'année précédente, 1605, interdisait déjà, sous peine de mort
et de confiscation de biens, le commerce des Indes aux Hollandais, que les rois
d'Espagne persistaient à considérer comme leurs sujets. (*Note du traducteur.*)

Français, Allemands, Belges, dont la plus grande partie s'y rend, à ce qu'on peut savoir, par la Perse et la Turquie, et non pas de notre royaume directement, auxquels étrangers il peut y avoir quelques inconvénients à appliquer en toute rigueur les dispositions de l'édit, s'ils venaient à s'enfuir chez les Maures nos ennemis, à faire connaître aux voisins l'état de nos approvisionnements, et à leur apprendre les moyens de nous nuire, j'entends et je veux que vous mettiez cet édit à exécution selon le temps et les convenances, et que vous usiez de toute la prudence nécessaire pour éviter ces inconvénients, ayant soin de retenir sous votre autorité et de faire garder ces étrangers, chacun selon sa qualité, jusqu'à ce qu'ils soient hort d'état de rien entreprendre contre cet empire, et que j'aie atteint le but que je me propose par l'édit précité.

Fait à Lisbonne, le 28 novembre 1606. Signé : Moi le Roi. Et au dos ; Par le roi, A D. Martin Alphonse de Castro, son conseiller, vice-roi de l'Inde.

II.

A notre amé vice-roi, etc., salut :

Bien que je tienne pour assuré que par votre présence et au moyen des forces par vous conduites dans les régions australes, mes ennemis (*perduelles*) [1] les Hollandais qui s'opiniâtrent à y rester et les indigènes qui les accueillent, doivent être châtiés les uns et les autres de manière à ne plus oser y revenir ; il conviendra toutefois, pour la protection de mes intérêts que, lors de votre retour à Goa, vous laissiez dans ces mers une flotte suffisante et propre à cette destination, dont le commandement et la haute direction seront par vous confiés à André Ferrado de Mendoza, ou à tel autre que vous y jugerez plus apte, m'en remettant à votre affection pour moi, et sachant que vous n'aurez en vue dans votre choix que ce qui sera le plus avantageux à mes intérêts.

Fait à Madrid, le 26 janvier 1607. Mêmes signature et inscription que dessus.

---

[1] *Note du traducteur.* Quelle était l'expression de la lettre originale, que Grotius a rendue par *perduelles ?* Nous l'ignorons, mais pour que Grotius, si familier avec Cicéron, ait employé ce terme, il faut que le mot espagnol ait eu quelque chose d'insultant, en rapport avec le ton de la lettre, et le caractère envenimé de la querelle. « Observons, dit Cicéron au livre Ier des Devoirs, que pour désigner l'ennemi, on a substitué à son véritable nom *perduellis,* celui d'*hostis,* afin de pallier un sens odieux par une expression adoucie. Nos pères, en effet, appelaient *hostis* celui qu'aujourd'hui nous nommons *peregrinus.* » L'aigreur, l'insolence, étaient donc jointes à la déraison et à l'injustice ; et Grotius, en transcrivant ces lettres à la suite de sa dissertation si digne et si concluante, ajoutait encore par ce contraste un argument de plus en faveur de la noble cause qu'il soutenait.

TABLE.

Préface du traducteur.. 5

Lettre à M. le rédacteur des Annales maritimes sur une traduction antérieure.. 9

Aux princes et peuples libres du monde chrétien........................ 15

Chap. I. En vertu du droit des gens, la navigation est libre de peuple à peuple.. 21

II. Les Portugais n'ont, à titre de découverte, aucun droit de propriété sur les régions où naviguent les Hollandais..... 25

III. Les Portugais n'ont aucun droit de propriété sur l'Inde, à titre de donation du souverain pontife................. 28

IV. Les Portugais n'ont aucun droit de propriété sur l'Inde à titre de guerre.. 30

V. La mer de l'Inde ou le droit d'y naviguer n'est pas le propre des Portugais à titre d'occupation........................ 33

VI. La mer ou le droit d'y naviguer n'est pas le propre des Portugais à titre de donation du souverain pontife............ 52

VII. La mer ou le droit d'y naviguer n'est pas le propre des Portugais à titre de prescription ou de coutume............. 54

VIII. En vertu du droit des gens, le commerce est libre entre tous. 65

IX. Le commerce avec l'Inde n'est pas le propre des Portugais à titre d'occupation.. 68

X. Le commerce avec l'Inde n'est point le propre des Portugais à titre de donation du souverain pontife................. 69

XI. Le commerce avec l'Inde n'est pas le propre des Portugais à titre de prescription ou de coutume................... 70

XII. Les Portugais ne peuvent s'appuyer d'aucun motif d'équité pour prohiber le commerce..................................... 72

XIII. Les Hollandais doivent se maintenir dans le droit de commercer avec l'Inde, soit en paix, soit en trêve, soit en guerre avec ceux qui s'y opposent......................... 75

Appendice. — Lettres du roi d'Espagne et de Portugal (Philippe III... 79

www.ingramcontent.com/pod-product-compliance
Ingram Content Group UK Ltd.
Pitfield, Milton Keynes, MK11 3LW, UK
UKHW020333130726
13696UKWH00003B/1323